Georges Büchner

Georg Büchner

mit Selbstzeugnissen und Bilddokumenten
dargestellt von Jan-Christoph Hauschild

Rowohlt

rowohlts monographien begründet von Kurt Kusenberg
herausgegeben von Wolfgang Müller und Uwe Naumann

Redaktion: Uwe Naumann
Redaktionsassistenz: Katrin Finkemeier
Umschlaggestaltung: Walter Hellmann
Vorderseite: Georg Büchner, vermutlich 1833/34
Fotografie von W. Rudolph, Darmstadt (wohl 1875)
der Bleistiftzeichnung von August Hoffmann
(Aus: Georg Büchner 1813–1837. Revolutionär,
Dichter, Wissenschaftler. Der Katalog.
Frankfurt a. M., Basel 1987)
Rückseite: «Steckbrief» Georg Büchners
aus der «Großherzoglich Hessischen Zeitung»,
Darmstadt, Nr. 167, 18. Juni 1835
(Hessische Landes- und Hochschulbibliothek Darmstadt)
Frontispiz: Georg Büchner. Federzeichnung von Alexis Muston

Dieser Band ersetzt die 1958 erschienene Monographie
über Georg Büchner von Ernst Johann.

Originalausgabe
Veröffentlicht im Rowohlt Taschenbuch Verlag GmbH,
Reinbek bei Hamburg, Oktober 1992
Copyright © 1992 by Rowohlt Taschenbuch Verlag GmbH,
Reinbek bei Hamburg
Alle Rechte an dieser Ausgabe vorbehalten
Satz Times PostScript Linotype Library, PM 4.0
Langosch Grafik+DTP, Hamburg
Gesamtherstellung Clausen & Bosse, Leck
Printed in Germany
1290-ISBN 3 499 50503 7

3. Auflage 14.–16. Tausend Oktober 1997

Inhalt

Georg Büchner. Die Aufnahme aus dem Jahre 1930 zeigt das 1944 verbrannte Porträt von August Hoffmann, wie es bis zuletzt, hinter Glas gerahmt und mit den angehefteten Locken, von den Nachfahren in Darmstadt aufbewahrt wurde.

Steckbrief und Porträt

«Wer ist dieser Büchner?»[1] fragte im Spätsommer 1835 der Herausgeber einer großen Dresdner Literaturzeitschrift, dem *Danton's Tod*, das dramatische Erstlingswerk des unbekannten Autors, zur Rezension vorlag.

Jeder Antwortversuch mußte damals knapp ausfallen. Büchner selbst hätte sich so vorstellen können: Ich bin 21 Jahre alt und der älteste *Sohn des Medizinalrat Büchner zu Darmstadt*[2]. Bis letztes Jahr studierte ich Medizin in Gießen. *Die politischen Verhältnisse Teutschlands zwangen mich, mein Vaterland... zu verlassen.*[3] Seit dem Frühjahr widme ich mich in Straßburg den *medizinisch-philosophischen Wissenschaften*[4], worüber ich demnächst in Zürich Vorlesungen zu halten gedenke. Literarische Veröffentlichungen: sonst keine. *Verse kann ich keine machen.*[5]

Wenig ergiebig auch der Steckbrief, den der Darmstädter Chefermittler, Hofgerichtsrat Konrad Georgi, dem flüchtigen Hochverräter kurz zuvor an die Fersen heftete. Über den Vorwurf des dringenden Verdachts der «Teilnahme an staatsverräterischen Handlungen» hinaus war ihm lediglich eine zuverlässige «Personal-Beschreibung» zu entnehmen: 1 Meter 70 groß und schlank, von kräftiger Statur, blond, mit einem Anflug von Bart am Kinn und über dem kleinen Mund, graue Augen unter auffällig gewölbter Stirn, mit dem «besonderen Kennzeichen» der «Kurzsichtigkeit»[6] – und Steckbriefe gehören bekanntlich nicht zur Pflichtlektüre von Literaturkritikern.

In den mehr als 150 Jahren, die seitdem vergangen sind, hat das Porträt des Dichters, Revolutionärs und Wissenschaftlers deutlich an Schärfe gewonnen. Büchner war alles andere als ein Verstellungskünstler: unerbittlich kritisch gegenüber jedem Dogma, stolz auf den «erworbenen geistigen Fonds»[7], der ihn stark machte in der Auseinandersetzung mit allem, was Allgemeingültigkeit beanspruchte, übermütig satirisch bis zum vernichtenden Hohn gegen Gemeinheit und Anmaßung, Verächter alles Nichtigen und Niederträchtigen – ein selbständiger Denker, befreit von allen, selbst «demokratisch gefärbten Vorurteilen», eigensinnig bis zur

Dickköpfigkeit, überzeugt, *nur in das, was er als wahr und recht erkannt hatte, sich fügen zu können* und daher unfähig, *sich in eine seinen heiligsten Rechten, seinen heiligsten Grundsätzen widersprechende Lage zu finden*[8]; «Demokrat in jedem Pulsschlag seines Herzens, in jedem Gedanken seines Hirns»[9]. Wenn sein Porträt dennoch in vieler Hinsicht Fragment, wo nicht Rätsel bleibt, dann weil manche Zusammenhänge nicht nur als noch unerforscht, sondern auf Grund beträchtlicher Quellenverluste auch als nicht mehr aufklärbar gelten müssen.

Büchner starb mit 23 Jahren, in einem Alter, in dem andere, wie man sagt, zu leben anfangen. Im sicheren Bewußtsein, daß er *nicht alt werden* würde[10] und deshalb, wie die Dantonisten im Revolutionsdrama, *keine Zeit zu verlieren* hatte[11], rang er seinen beiden letzten Lebensjahren unter anderem drei Dramen, eine Novelle, zwei Übersetzungen und eine Doktordissertation ab, und dies alles, ohne jemanden «in die stille Werkstätte seines rastlosen Geistes blicken» zu lassen, «damit ihn keiner auffordern möge, dem in allen Nerven aufgeregten ermattenden Körper einige Ruhe zu gönnen». Seine Weggefährten waren sich einig, daß Büchner in dem, was wir als sein Werk kennen und schätzen, «seinen reichen Geist bei weitem nicht ausgeschöpft», ja «sein Können» noch nicht einmal «andeutend offenbart» hatte, wie sein Landsmann Wilhelm Schulz versicherte.[12] Büchner starb im Aufbruch, voller Versprechungen und Möglichkeiten.

Die Völkerschlacht bei Leipzig. Gemälde von Peter von Hess, um 1815

Goddelau und Darmstadt
1813–1831

Familienperspektiven

Am Beginn seines Lebens stand ein Ereignis von welthistorischer Bedeutung. Die Geburt Georg Büchners am 17. Oktober 1813, einem Sonntag, «früh um halb 6 Uhr»[13], fiel auf einen Tag, dessen Auswirkungen das öffentliche Leben, Politik, Gesellschaft und Kultur der gesamten Epoche prägten. Es war der zweite Tag der sogenannten Völkerschlacht bei Leipzig, in der die Allianz der europäischen Souveräne über den Eroberer Bonaparte, der seinen Vasallen zuletzt immer unerträglichere Beitragslasten für seine Feldzüge aufgebürdet hatte, triumphierte. Aber die Bataille bei Leipzig befreite Europa auch von seinem Befreier, der zugleich als Repräsentant der Großen Revolution gekommen war, als Verkünder der Menschenrechte und der Ideen von Volkssouveränität. Insofern war der 17. Oktober 1813, nach einem Wort von Wilhelm Schulz, «der Tag, an dem die Freiheit geschlachtet wurde»[14]. Die Folgen: «Heilige Allianz und Kongresse zur Unterdrückung der Völker, Karlsbader Beschlüsse, Zensur, Polizeidespotismus, Adelsherrschaft, Bürokratenwillkür, Kabinettsjustiz, Demagogenverfolgung, Massenverurteilungen, Finanzverschleuderung und – keine Konstitution.» (Karl Marx[15])

Büchners Geburtsort Goddelau, drei Fußstunden südwestlich von Darmstadt im Ried gelegen, einer fruchtbaren Ebene in unmittelbarer Rheinnähe, war ein kleines Bauerndorf mit rund 550 Einwohnern, die von Viehzucht und vom Torfstechen lebten. Hier hatten sich seine Eltern nach ihrer Heirat im Herbst 1812 niedergelassen. Der Vater, Dr. Ernst Büchner, war zuvor zum Kreis-Chirurg des Groß-Gerauer Amtes Dornberg ernannt worden. Er stammte aus einer traditionsreichen hessischen Wundarztfamilie, die bis ins 16. Jahrhundert zurückverfolgt werden kann. Die Mutter Caroline geb. Reuß kam aus einer gesellschaftlich höhergestell-

Die Mutter: Caroline Büchner, geb. Reuß (1791–1858), 1854

ten Beamtenfamilie. Ihr Vater, Hofrat Georg Reuß, bekleidete seit 1798 das Amt eines Verwaltungsdirektors am Philipps-Hospital in Hofheim, wo Dr. Büchner die Funktion eines Hospitalchirurgen mitversah. Die Reuß kamen ebenfalls aus Hessen, waren aber seit dem 17. Jahrhundert im Elsaß ansässig und durch die Auswirkungen der Französischen Revolution in ihre ‹Stammlande› vertrieben worden. Herkunft und Elternhaus haben Leben und Werk Georg Büchners entscheidend mitgeprägt: Während die Vorfahren väterlicherseits den Geist des selbstbewußt aufstrebenden Bürgertums repräsentierten, war er durch die Familie seiner Mutter eng mit dem Absolutismus des 18. Jahrhunderts verbunden, kannte dessen Privilegien und Schwächen.

Büchners erste Lebensjahre fielen in eine Zeit, in der das Großherzogtum Hessen-Darmstadt noch unter der einstigen Mitgliedschaft im französisch kontrollierten Rheinbund zu leiden hatte. So schnell war die Beteiligung des hessischen Vasallen an Napoleons Feldzügen gegen Preußen, Österreich und Rußland nicht vergessen. Die Siegermächte nahmen mit ihren Kontributionsforderungen kaum Rücksicht auf die Bevölkerung, die in ihrer Not sogar die Rinde von großen Eichenbalken abschälte, um damit das Mehl zu strecken. Auch in der Scheune des Büchner-Hauses in Goddelau soll es solche Balken gegeben haben.

Zwischen 1815 und 1827 wurden dem Ehepaar Büchner sieben weitere Kinder geboren, von denen zwei früh starben. Nach Georg kam 1815 Mathilde zur Welt. Obschon sie später, «wenn die Mutter bettlägerig war», in aufopfernder Weise deren Stelle an den jüngeren Geschwistern «vertrat» und sich dadurch in den Augen ihres jüngsten Bruders Alexander als wahrer «Felsencharakter» erwies[16], galt sie in der Familie anscheinend als «träge»[17]. Sie ist das einzige der Geschwister, das später, wenngleich auch Mathilde sich «durch ihre praktische Tätigkeit um gemeinnützige weibliche Bestrebungen verdient gemacht» hat[18], keine öffentliche Berühmtheit erlangte, und wohl deshalb existiert kein Bild von ihr, nicht einmal ein Brief. Immerhin wurde ihr 70. Geburtstag aufwendig gefeiert.

1816 wurde Wilhelm Büchner geboren, benannt nach dem Lieblingsbruder des Vaters, Dr. med. Willem Büchner in Gouda (1780–1855). Lange Zeit galt Wilhelm als der «dumme Bub»[19]: Das Gymnasium mußte er schon als Fünfzehnjähriger verlassen, eine Apothekerlehre absolvierte er nur mit Mühen, und noch als Zwanzigjähriger wurde er von sei-

Der Vater: Ernst Büchner (1786–1861), 1854

Das Geburtshaus in Goddelau, Weidstraße 9, um 1900

ner Mutter als «gar zu großer Kindskopf» getadelt.[20] Später hieß er nur noch der «fidele, freigiebige Wilhelm», der «als Erfinder des künstlichen Ultramarins» zum «Krösus der Familie» avanciert war. Von 1849 bis 1881 (mit längerer Unterbrechung) saß der Fabrikant im Darmstädter Landtag, von 1877 bis 1884 als Kandidat der demokratischen ‹Fortschrittspartei› und mit den Stimmen seiner sozialdemokratischen Arbeiter sogar im Reichstag.

1821 kam ein weiteres Mädchen zur Welt, «die intuitive Luise, mit dem ideal-schönen Gesicht, aber ihrem durch einen Unfall verkrümmten Körper»[21] – ein Kindermädchen hatte den Säugling versehentlich fallen lassen. Luise war musisch hochbegabt und vielseitig gebildet. Mit dem 1855 erschienenen Buch «Die Frauen und ihr Beruf», das ihr den Nimbus einer engagierten Frauenrechtlerin eintrug, und zahlreichen weiteren Publikationen wollte Luise insbesondere Frauen des Mittelstandes und der Arbeiterschaft

Wilhelm Büchner (1816–1892). Aquarell von Ludwig Becker, 1838

Luise Büchner (1821–1877), um 1856

zu einer Mitgestaltung des politischen und sozialen Lebens ermuntern. Daneben trat sie auch als Lyrikerin, Herausgeberin, Erzählerin, Reiseschriftstellerin und Historikerin hervor.

Als nächstes Kind wurde 1824 Ludwig geboren. Er gab 1850 in Verbindung mit seinen Geschwistern die «Nachgelassenen Schriften» Georgs heraus. Durch das 1855 erschienene Buch «Kraft und Stoff», worin er den Versuch unternahm, «die bisherige theologisch-philosophische Weltanschauung auf Grund moderner Naturkenntnis und einer darauf gebauten natürlichen Weltordnung total umzugestalten»[22], wurde er zum populärsten materialistischen Philosophen seiner Zeit. In Darmstadt wirkte er als praktischer Arzt und war als sozialer Demokrat über Jahre hinweg auch politisch engagiert.

Nesthäkchen der Familie war der 1827 geborene Alexander Büchner. Als radikaler Demokrat und aktiver Teilnehmer an der Revolution mußte er sich 1848 wegen einer Schlüsselerzählung über Weidigs Gefängnistod (worin

Ludwig Büchner
(1824–1899). Zeichnung
von Adolf Schmitz, 1846

Alexander Büchner
(1827–1904), um 1860

er den Gefangenen vom Untersuchungsrichter kaltblütig ermorden ließ) vor Gericht verantworten. Ursprünglich promovierter Jurist, habilitierte er sich in Zürich mit einer Arbeit über Byron, siedelte 1855 nach Frankreich über und wirkte seit 1867 als Professor für ‹Litteratures étrangères› in Caen: das einzige der Geschwister, dessen Leben noch bis in unser Jahrhundert hineinreichte.

Sie alle haben ihren bewunderten Bruder «Schorsch» niemals vergessen, und besonders Ludwig und Luise trugen entscheidend dazu bei, daß es nach 1850 zur Wiederentdeckung des Autors Georg Büchner kam.

Seit dem Herbst 1816 lebte die Familie in der großherzoglichen Residenz Darmstadt, wohin Dr. Büchner als Kreisarzt versetzt worden war. Nach mehreren Beförderungen erreichte er 1824 mit der Ernennung zum Mitglied des Medizinalkollegs, der obersten Gesundheitsbehörde des Landes, den Gipfel seiner Karriere. Vom einfachen Sanitätsgehilfen hatte er sich binnen zwei Jahrzehnten zu einem leitenden Medizinalbeamten des Großherzogtums hochgearbeitet. Seine Fachveröffentlichungen fallen in die Jahre zwischen 1823 und 1826, doch trat er auch danach noch vielfach als Gutachter hervor, so 1850 im Darmstädter Sensationsprozeß um die Ermordung der Gräfin Görlitz.

In Darmstadt war Dr. Büchner ein «homo novus», denn er «gehörte keiner der alten eingesessenen Staatsdiener- oder Bürgerfamilien an». Daran konnte auch «seine Verheiratung mit der Tochter eines hochgestellten Bürokraten» nichts ändern, die ihn «in verwandtschaftliche Beziehung mit den ersten Familien der Stadt» brachte[23], den von Bechtolds und von Carlsens, hohen bis höchsten Regierungsbeamten und Offizieren. Gesellschaftlich blieb dennoch stets die Kluft zwischen den Büchners, die zur Opposition zählten, und den ministeriell orientierten Notabeln der hessischen Verwandtschaft der Mutter.

Die wenigen überlieferten Zeugnisse über die häusliche Familiensituation geben sicher kein soziologisch exaktes, auch kein objektives Bild. Das Material stammt zum ganz überwiegenden Teil aus zweiter Hand und ist deshalb mehr oder weniger anfechtbar. Dennoch scheint es auf authentische Weise die Eindrücke derer wiederzugeben, die am Familienleben entweder unmittelbar oder wenigstens gelegentlich mittelbar teilhatten: Geschwister, Freunde und Bekannte. Übereinstimmend schildern sie die Eltern Georg Büchners, wie hier dessen Klassenkamerad Georg Zimmermann, als zwei durchaus «verschiedenartige … Naturen»: «der Vater ein charaktervoller und pflichtgetreuer Mann, der mit starrer Festigkeit seine Ansichten und Vorurteile behauptete, die Mutter eine Frau von der anmutigsten und liebenswürdigsten, die Gegensätze des Lebens mild ausgleichenden Weiblichkeit, ein Engel an Herzensgüte»[24].

Der familiäre *Abrahamsschoß* [25] bot Georg Büchner selbst in den schwierigen Zeiten seines Exils emotionalen Rückhalt; die Familie war, wie seine Briefe beweisen, ein von ihm ernst genommener und deshalb unverzichtbarer Diskussionspartner. Der von Wilhelm Büchner bezeugte «freie Geist der Familie» ermöglichte offene Diskussionen, von denen allerdings der Vater auf Grund seiner autoritären Einstellung wohl mitunter ausgeschlossen blieb. Dr. Büchner hatte eine «harte» und «freudlose» Jugend verlebt[26] und war «im höchsten Grad sparsam für sich». Zwar «gab» er «mit vollen Händen, was zur Ausbildung seiner Kinder nötig war»[27], erwartete dafür aber strikte Zurückhaltung und Loyalität in politischen Fragen. An seinem Ältesten erwies sich die Untauglichkeit seines unflexiblen Erziehungskonzepts. Die Starrheit, mit der der Vater an seinem Standpunkt festhielt, verhinderte jede aufrichtige Auseinandersetzung, und drakonische Zwangsmaßnahmen lösten Konflikte nicht auf, sondern verhärteten sie. Karl Emil Franzos konnte auf Grund «handschriftlicher Quellen» berichten, daß schon dem «Kinde… jede Ungerechtigkeit» verhaßt war, daß «ihn jede gütige Zurechtweisung gerührt, ja bis zur Zerknirschung weich gestimmt» habe, «wogegen Strenge wirkungslos an ihm abgeprallt» sei.[28] Der Mutter kam in solchen Fällen dann die Rolle der Schlichterin zu: «Was hatte sie nicht schon gelitten, wie viel gebeten, wie viel vermittelt, um den heftig aufstrebenden Sohn und den strengen entschiedenen Vater gegenseitig in gutem Einvernehmen zu erhalten.»[29]

Der Widerstand gegen die väterliche Autorität berührte zunächst nicht den äußeren Bildungsgang. Georgs frühes Interesse an Naturwissenschaften und Medizin entsprach dem vom Vater entworfenen Lebensplan; seine Schulfreunde rechneten daher mit einer naturwissenschaftlichen Karriere. Als Helfer und ‹Retter› der «notleidenden Menschheit»[30] war Dr. Büchner für seinen Sohn lange ein bewundertes Vorbild, dessen ethisch-sittliche Grundüberzeugungen er sich zu eigen machte. Erst als der Sohn auf Verwirklichung des väterlichen Ideals bürgerlicher Zivilcourage in der Gegenwart drang, kam es zum Streit. Dies war dann jedoch schon mehr als ein Generationskonflikt, denn der Gegensatz bestand nicht bloß zum eigenen Vater, sondern zum bürgerlichen *Alltagsmenschen, dem sein Selbst das Höchste ist, sein Wohlsein der einzige Zweck* [31], kurz: zur Vaterwelt. Noch nicht siebzehn Jahre alt war Büchner, als er demgegenüber sein eigenes Ideal formulierte:

Groß und erhaben ist es den Menschen im Kampfe mit der Natur zu sehen, wenn er gewaltig sich stemmt gegen die Wut der entfesselten Elemente und vertrauend der Kraft seines Geistes nach seinem Willen die rohen Kräfte der Natur zügelt. Aber noch erhabner ist es den Menschen zu sehen im Kampfe mit seinem Schicksale, wenn er es wagt einzugreifen in den Gang der Weltgeschichte, wenn er an die Erreichung seines Zwecks sein Höchstes, sein Alles setzt. Wer nur e i n e n Zweck und kein Ziel bei der Verfolgung desselben sich vorgesteckt, gibt den Widerstand nie auf, er siegt – oder stirbt. Solche Männer waren es, welche, wenn die ganze Welt feige ihren Nacken dem mächtig über sie hinrollenden Zeitrade beugte, kühn in

*die Speichen desselben griffen, und es entweder in seinem Umschwunge mit
gewaltiger Hand zurückschnellten, oder von seinem Gewichte zermalmt
einen rühmlichen Tod fanden, d. h. sich mit dem Reste des Lebens
Unsterblichkeit erkauften. Solche Männer, die unter den Millionen,
welche aus dem Schoß der Erde kriechen, ewig am Staube kleben und wie
Staub vergehn und vergessen werden, sich zu erheben, sich Unvergänglich-
keit zu erkämpfen wagten, solche Männer sind es, die gleich Meteoren aus
dem Dunkel des menschlichen Elends und Verderbens hervorstrahlen. Sie
durchkreuzen wie Kometen die Bahn der Jahrhunderte; so wenig die Stern-
kunde den Einfluß der einen, ebenso wenig kann die Politik den der andern
berechnen. In ihrem exzentrischen Laufe scheinen sie nur Irrbahnen zu
beschreiben, bis die großen Wirkungen dieser Phänomene beweisen, daß
ihre Erscheinung lange vorher durch jene Vorsehung angeordnet war, deren Gesetze eben so unerforschlich, als unabänderlich sind.*[32]

Schulzeit

Ludewig I. (1753–1830) regierte Hessen-Darmstadt 40 Jahre lang, zunächst als Landgraf, seit 1806 als Großherzog. Im neuntgrößten Mitglieds-
staat des Deutschen Bundes, jenem politischen Flickenteppich aus zuletzt
29 souveränen Staaten und vier freien Städten, lebten 1816 rund 630000
Einwohner auf einer Fläche vom 8200 Quadratkilometern – etwa 40 Prozent des heutigen Bundeslandes Hessen (das rund 5,5 Millionen Einwohner zählt). Doch das Territorium des Großherzogtums war unzusammen-
hängend, durch angrenzende Nachbarstaaten geteilt. Vier Wegstunden
von der Residenz Darmstadt entfernt überschritt man schon die Nordgrenze der Provinz Starkenburg, die sich südlich des Mains von Offenbach
bis kurz vor Heidelberg erstreckte. Nicht viel weiter, und man war im
Osten in Bayern und im Süden in Baden. Verhältnisse also wie im Königreich Popo:

PETER: *...Sind meine Befehle befolgt? Werden die Grenzen beobachtet?*
ZEREMONIENMEISTER: *Ja, Majestät. Die Aussicht von diesem Saal gestattet
uns die strengste Aufsicht. (Zu dem ersten Bedienten.) Was hast Du gesehen?*
ERSTER BEDIENTE: *Ein Hund, der seinen Herrn sucht, ist durch das Reich
gelaufen.*
ZEREMONIENMEISTER: *(Zu einem andern.) Und Du?*
ZWEITER BEDIENTE: *Es geht jemand auf der Nordgrenze spazieren, aber es
ist nicht der Prinz, ich könnte ihn erkennen.*[33]

Die territoriale Verbindung von Starkenburg zur nördlichen (flächen-
mäßig größten und bevölkerungsreichsten, aber auch ärmsten) Provinz
Oberhessen war durch die Freie Reichsstadt Frankfurt und einen schma-
len kurhessischen Streifen unterbrochen. Oberhessen reichte im Osten

Das Schloß in Darmstadt. Stahlstich, um 1830

bis nahe an Fulda, im Westen bis an die Lahn, und durch das Hinterland um Biedenkopf noch darüber hinaus bis zur Eder. Starkenburg gegenüber, durch den Rhein getrennt, lag Rheinhessen, das nur etwa ein Sechstel des Staatsgebiets ausmachte, mit Mainz im Norden, Bingen und Alzey im Westen und Worms im Süden. Wer damals auf der Route der heutigen A 5 etwa von Heidelberg nach Marburg fahren wollte, berührte auf diesem Weg die Territorien des Königreichs Preußen, der Großherzogtümer Baden und Hessen-Darmstadt, des Kurfürstentums Hessen-Kassel, der Landgrafschaft Hessen-Homburg und das Gebiet der Freien Reichsstadt Frankfurt – Erfahrungen, wie sie im Lustspiel Valerio und Leonce machen: *Wir sind schon durch ein Dutzend Fürstentümer, durch ein halbes Dutzend Großherzogtümer und durch ein paar Königreiche gelaufen und das in der größten Übereilung in einem halben Tage und warum? Weil man König werden und eine schöne Prinzessin heiraten soll... Teufel! da sind wir schon wieder auf der Grenze; das ist ein Land wie eine Zwiebel, nichts als Schalen, oder wie ineinandergesteckte Schachteln, in der größten sind nichts als Schachteln und in der kleinsten ist gar nichts.*[34]

Die Enge des Kleinstaats wiederholte sich in der Residenz, die trotz ihrer rund 20 000 Einwohner (Angabe für 1820) «außergewöhnlich vielschichtig und feingliedrig strukturiert» war[35] und Büchner in nächste Berührung mit allen Schichten der Bevölkerung brachte: der Stadtarmut, dem Kleinbürgertum, der Bourgeoisie und der Militär- und Beamtenaristokratie, die, wie Büchner bissig formulierte, *als Ordenskleid die*

17

Hoflivree und als Wappen den Hessischen Haus- und Zivil-Verdienstorden[36] trug. Nur der zahlenmäßig unbedeutende Feudaladel hielt sich vom «politischen Leben wie von der Darmstädter Hofgesellschaft weitgehend fern». Und der Hof war der Mittelpunkt, um den sich diese kleine Welt drehte; Hof und Regierungsbehörden blieben noch bis zur Jahrhundertmitte die wichtigsten Arbeitgeber der Stadt.

Ludewig I. leitete die notwendige Modernisierung der «überkommenen Staats-, Wirtschafts- und Gesellschaftsstrukturen» ein, erwarb sich durch großzügige Schenkungen und ein «aktives kulturelles Engagement»[37] einen Ruf als Förderer der Wissenschaften und Künste und schnitt auch als Persönlichkeit, zumal im Vergleich mit seinem Sohn und Nachfolger Ludwig II., in der öffentlichen Meinung gut ab. Dennoch kam es schon unter seiner Regentschaft zu heftigen politischen Auseinandersetzungen um stärkere Beteiligung und Mitbestimmung des liberalen Bürgertums an allen Entscheidungen von öffentlichem Interesse und zum Widerstand entschlossener Demokraten gegen das «halbabsolutistische Zwangsregime»[38].

Ein Bündnis mit der sozialen Protestbewegung mochten die meisten bürgerlichen Oppositionellen nicht eingehen, gerade weil hier ein im Ernstfall weder kalkulier- noch dirigierbares Gewaltpotential zu schlummern schien. Bei sinkenden Reallöhnen war der Lebensstandard der niedrigen Einkommensgruppen stetig zurückgegangen. Bedingt durch die Rückständigkeit der Wirtschaftsproduktion hatte die Entwicklung

Großherzog Ludewig I. (1753–1830). Lithographie

Der Marktplatz in Darmstadt. Zeichnung von Wilhelm Merck (1782–1820).
Im zweiten Haus von rechts wohnte die Familie Büchner 1819/20

des Arbeitsmarkts mit der Bevölkerungszunahme nicht Schritt halten
können; Massenarbeitslosigkeit war die Folge. Besonders in den länd-
lichen Gebieten fristeten Kleinbauern und eigentumslose Tagelöhner,
insgesamt nahe an 50 Prozent der Bevölkerung, ein kümmerliches Dasein, oftmals unter dem Existenzminimum. Die Verfassung von 1820 er-
füllte «die Reformbedürfnisse und -wünsche nur zu einem geringen
Teil»[39]. Sie sicherte der Regierung die Staatsgewalt und räumte dem
Landtag, einem Zwei-Kammern-Parlament, marginale Rechte ein; das
komplizierte mehrstufige Wahlverfahren legte die Abgeordnetenwahl
zur Zweiten Kammer, wie Friedrich Ludwig Weidig kritisierte, «in die
Hände der Geld- und Schollen-Aristokratie»[40].

   Die Neuorganisation der staatlichen Verwaltung ab 1803 schuf zahlreiche neue Ämter und Ressorts und ließ die Beamtenschaft unverhältnis-
mäßig anwachsen. *Ihre Anzahl ist Legion*, heißt es 1834 im *Hessischen
Landboten: Staatsräte und Regierungsräte, Landräte und Kreisräte, Geist-
liche Räte und Schulräte, Finanzräte und Forsträte u.s.w. mit allem ihrem
Heer von Sekretären u.s.w.*[41] Zumal in Darmstadt lag der Anteil pensio-
nierter Staatsdiener an der Bevölkerung in diesen Jahren so hoch wie
niemals wieder: «Pensionopolis»[42] war ein damals umlaufender Spottna-
me für die Residenz. «Sozial bedenkliche Erscheinungen», wie sie sich «in
den industriell stärker entwickelten Städten bereits damals abzeichne-
ten», blieben den Darmstädtern noch auf Jahrzehnte unbekannt[43]; besser

19

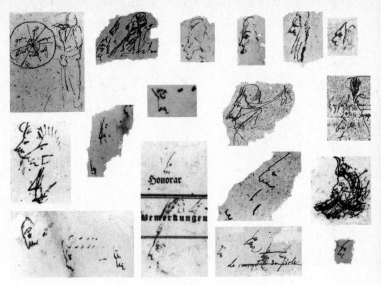

Kritzeleien Büchners in seinen Schulheften und Manuskripten

ging es im Großherzogtum wohl nur noch den Einwohnern von Gießen und Mainz. Die Abstinenz von der Tagespolitik wurde durch die erträgliche materielle Situation des Bürgertums begünstigt. Statt zu politisieren, suchten die gebildeten Residenzler Entspannung und Ablenkung vom Tagesgeschäft in der Sicherheit und Abgeschiedenheit ihrer Familien- und Freundeskreise, in Lesekränzchen und musikalischen Soireen. Die Begeisterung für den Freiheitskampf der christlichen Griechen gegen ihre türkischen Unterdrücker (1821–29) und die Solidarität mit den nach dem gescheiterten Aufstand gegen die zaristische Besatzungsmacht zu Hunderttausenden emigrierenden Polen (1830–32) bildeten kleine und nicht sehr verwegene Ausnahmen im sonst demonstrierten Wohlverhalten.

Vermutlich im Herbst 1821 trat Büchner in die soeben gegründete ‹Privat-Erziehungs- und Unterrichts-Anstalt› des Theologen Dr. Karl Weitershausen ein, der Wilhelm Hamm einen «freigeistigen, demagogischen Anstrich» bescheinigte.[44] Das Unterrichtsniveau war erstaunlich: Bereits die achtjährigen Eleven wurden in Geometrie, Geschichte, Physik, Latein, Griechisch und Französisch unterrichtet, und das von morgens bis nachmittags an sechs Tagen in der Woche. Wanderungen, Exkursionen und Besuche des Naturalienkabinetts im Residenzschloß sowie körperliche Übungen (Turnen) und «Exerzieren» ergänzten das Programm. «Ge-

Kritzelseite aus Büchners Enzyklopädie-Schulheft
von 1830/31 (Ausschnitt)

horsam», «Selbstüberwindung», «strenge Ordnung und Pünktlichkeit»[45] galten Weitershausen als oberste Erziehungsziele.

Ostern 1825 wechselte Büchner zum neuhumanistischen Gymnasium, das vor ihm schon Georg Christoph Lichtenberg, Justus Liebig und Georg Gottfried Gervinus besucht hatten. Latein und Griechisch nahmen hier etwa 40 Prozent der gesamten Unterrichtsstunden in Anspruch, so viel wie Deutsch, Geschichte, Geographie, Arithmetik, Naturkunde, Religion und ‹Enzyklopädie› (eine Einführung in Kunstgeschichte, Philosophie und Philologie) zusammen. Die modernen Fremdsprachen Französisch, Englisch und Italienisch waren freiwillig, Hebräisch nur für angehende Theologen Pflichtfach. Schulleiter war seit 1826 der bei den Schülern beliebte klassische Philologe Dr. Karl Dilthey. Um so auffälliger Büchners respektlose Charakterisierung im ‹Enzyklopädie›-Schulheft vom Winterhalbjahr 1830/31: *O du gelehrte Bestie, lambe me in podice.*[46]

Rund zehn Jahre verbrachte Büchner auf Weitershausens Privatschule und dem Gymnasium. Bei einem Autor, dessen zur Veröffentlichung bestimmtes Werk in der kurzen Frist seiner drei letzten Lebensjahre entstand, sollte die Frage nach dem, womit er sich als Schüler beschäftigt und auseinandergesetzt hat, nicht vernachlässigt werden. Die Präsenz des Schulwissens ist in allen Schriften Büchners manifest. Vor allem gilt das für *Danton's Tod*, dessen Randmotive in breitem Umfang aus dem Stoff des Gymnasialunterrichts bezogen wurden. Zu den Lehrinhalten, die sich im Werk spiegeln, gehört auch die von Büchner so virtuos gehandhabte klassische Rhetorik.

Die Zahl der Wochenstunden, die Büchner zuletzt belegt hatte, lag bei 30, entsprach also etwa dem, was einem heutigen Oberstufenschüler zugemutet wird. Ein Musterschüler war er nicht; Auszeichnungen, sogenannte Prämien (vermutlich Buchgeschenke) bekam er ausweislich der Schulprogramme nie. Seine Leistungen waren nur in Einzelfällen überdurchschnittlich. «In der Schule befriedigte er durch recht mäßige Anstrengung», erinnerte sich ein Klassenkamerad.[47]

Büchners erhaltene Schülerarbeiten, und zwar sowohl die selbständig erarbeiteten Skripten als auch die von Lehrerdiktaten und Lehrbuchvorlagen abhängigen Mitschriften und Aufzeichnungen, stellten «einen einzigartigen Quellenfundus für die Bildungsgeschichte» des Autors dar.[48] Wie Gerhard Schaub nachwies, wendet «schon der Schüler jenes für die spätere dichterische Praxis Büchners so bezeichnende Verfahren der Zitat- und Quellen-Montage an»[49].

Wahrscheinlich im Winterhalbjahr 1829/30 und wohl «aus Anlaß einer rhetorischen Imitationsübung»[50] für das Fach Deutsch entstand der Aufsatz *Helden-Tod der vierhundert Pforzheimer*: die freimütigste und eindringlichste, abstrakt pathetischste und, auf Grund der zahlreichen Zitatanleihen (u. a. bei Johann Gottlieb Fichte), am wenigsten originelle von Büchners Schülerarbeiten, zugleich aber ein leidenschaftliches Plädoyer für patriotische *Ehre und Pflicht*, wie sie nicht nur *Sparta* und *Rom* hervorgebracht hätten: *...ich brauche mein Augenmerk nur auf den Kampf zu richten, der noch vor wenig Jahren die Welt erschütterte, der die Menschheit in ihrer Entwickelung um mehr denn ein Jahrhundert in gewaltigem Schwunge vorwärtsbrachte, der in blutigem aber gerechtem Vertilgungs-Kampfe die Greuel rächte, die Jahrhunderte hindurch schändliche Despoten an der leidenden Menschheit verübten, der mit dem Sonnen-Blicke der Freiheit den Nebel erhellte, der schwer über Europas Völkern lag und ihnen zeigte, daß die Vorsehung sie nicht zum Spiel der Willkür von Despoten bestimmt habe. Ich meine den Freiheits-Kampf der Franken; Tugenden entwickelten sich in ihm, wie sie Rom und Sparta kaum aufzuweisen haben und Taten geschahn, die nach Jahrhunderten noch Tausende zur Nachahmung begeistern können.*[51]

Im *Helden-Tod* bewies Büchner zum erstenmal, daß er jener «Vergötterer der Französischen Revolution» war, als den ihn sein Straßburger Freund Alexis Muston in Erinnerung hatte.[52] Auch außerhalb des Unterrichts machte Büchner aus seinen Sympathien keinen Hehl. Sein Erscheinungsbild in der Öffentlichkeit war alles andere als unauffällig und nicht ohne Provokation. Mit einem «enthusiastischen Freund» tauschte er den republikanischen Gruß «Bon jour, citoyen»[53], und nach Wilhelm Büchners Erinnerung trug er in Darmstadt zu seinem «Polen-Rock» sogar eine «rote Jakobiner-Mütze»[54], das heißt die auch in Gießen von Teilen der Burschenschaft adaptierten Insignien der Freiheitsbewegung seit 1830. Es blieb nicht nur bei der Geste: bot bereits einem unter den etwa fünfzehnjährigen Gymnasiasten gegründeten literarischen «Primanerzirkel» der «residenzliche Kulturboden» Anlaß und «ergötzlichen Stoff zu allerlei kritischem und humoristischen Wetteifer in Beurteilung der Zustände»[55], finden sich dann in Büchners letztem Schulheft von 1830/31 neben Notizen über graphische Techniken und zur Handschriftenkunde heimlich hingekritzelte Verse aus dem «Großen Lied» der radikalen Gießener Burschenschaft von 1818: «Auf, die Posaunen erklingen, Gräber und Särge zerspringen, Freiheit steht auf.»[56]

Zum Abschluß eines jeden Schulhalbjahrs gab es am Gymnasium eine dreitägige Schulfeier mit öffentlichen Prüfungen, Preisverleihungen und einem Unterhaltungsprogramm, dessen Höhepunkt deklamatorische Vorträge der Oberstufenschüler bildeten. Auf Grund seiner bemerkenswerten rhetorischen Leistungen ist Büchner gleich zweimal zu solchem Anlaß als Redner aufgetreten: doppelte Gelegenheit, sich vor einem größeren Publikum der Residenz, vor Eltern und Verwandten der Schüler und den Vorgesetzten der Lehrer, öffentlich zu äußern. Mit Rückgriff auf eine Reihe von Aufsätzen zum Thema hielt er am 29. September 1830 eine Rede zur Rechtfertigung des Cato von Utica, einer antiken Symbolgestalt für republikanischen Widerstandsgeist und Opfermut.

Erhebliche Brisanz gewann Büchners republikanisches Plädoyer durch die Zeitereignisse: Knapp acht Wochen zuvor hatte die Pariser Juli-Revolution den Bourbonenkönig Karl X. gestürzt, anschließend erhob sich das belgische Volk und erkämpfte binnen vier Wochen seine staatliche Souveränität gegenüber den Niederlanden. Ende August erreichte die Woge der Revolution auch Deutschland, Anfang September erfaßte sie Hessen. Im Kurfürstentum, wo Handel und Gewerbe durch Mißernten, Teuerungskrisen, wachsende Steuerlasten und wirtschaftliche Stagnation so gut wie lahmgelegt waren, kam es zu lokalen Unruhen, die bald von den Städten aufs Land übergriffen, wo sie vor allem von Kleinhändlern, Gewerbetreibenden, Handwerkern und Bauern getragen wurden. Das vom Niedergang der Wirtschaft, den hohen Abgaben und Zollgebühren weniger stark betroffene mittlere Bürgertum verhielt sich zunächst abwartend und setzte später gegen die zunehmende Militanz der Bewegung Bürgergarden ein.

Nachdem in Kassel am 6. September 1830 wegen einer Brotverteuerung die Bäckereien geplündert worden waren, stürmte in Hanau am 24. September «eine große Menge Volks, mehrenteils aus der niedrigsten Klasse, Handarbeiter, Handwerksgesellen und Lehrburschen»[57] das Lizentamt («Letzte-Hemd-Amt») der Zollstation und verbrannte sämtliche Dokumente mitsamt dem Mobiliar. Am nächsten Tag wiederholte sich der Vorgang an der kurhessischen Zollstätte zwischen Hanau und

Frankfurt. In der Nacht vom 25. auf den 26. September erfaßte die Revolte auch standesherrliche Gebiete des Großherzogtums. Während aus Rheinhessen keine und aus Starkenburg nur vereinzelte ‹Ausschreitungen› gemeldet wurden, kam es im östlichen Oberhessen, wo man in den Grenzbezirken besonders unter den Binnenzöllen litt, zu Szenen wie aus dem Bauernkrieg. Die Erfolge der Aufständischen aus den kurhessischen Nachbardörfern ermutigten die dortigen Bauern und Gewerbetreibenden zu ähnlichen Aktionen. Am Morgen des 29. September 1830, als der noch nicht siebzehnjährige Georg Büchner, beseelt vom *Urgefühl für Vaterland und Freiheit*[58], seine Verteidigung des Selbstmords des Cato von Utica vortrug, war die Entscheidung über den Ausgang der Insurrektion noch nicht gefallen, das Militär alarmiert, Prinz Emil, ein Bruder des Großherzogs, als Oberkommandierender ins Zentrum des Aufstands entsandt worden. Insgeheim sollen sogar schon Vorbereitungen zur Evakuierung von Hof und Regierung getroffen worden sein.

Die Koinzidenz mit der Tagesaktualität war Zufall, aber sie kam nicht unerwünscht. Wenigstens Büchners Mitschüler begriffen, daß Catos Beispiel «die Jugend begeistern» sollte, «ihm nachzustreben in der hingebendsten Liebe zu der Freiheit, im unversöhnlichsten Haß gegen die Unterdrückung»[59]: *Nach Cäsars Siege bei Thapsus hatte Cato die Hoffnung*

Soziale Unruhen in Hanau. Lithographie, 1830

seines Lebens verloren; nur von wenigen Freunden begleitet begab er sich nach Utica, wo er noch die letzten Anstrengungen machte, die Bürger für die Sache der Freiheit zu gewinnen. Doch als er sah, daß in ihnen nur Sklavenseelen wohnten, als Rom von seinem Herzen sich losriß, als er nirgends mehr ein Asyl fand für die Göttin seines Lebens, da hielt er es für das Einzigwürdige, durch einen besonnenen Tod seine freie Seele zu retten. Voll der zärtlichsten Liebe sorgte er für seine Freunde, kalt und ruhig überlegte er seinen Entschluß und als alle Bande zerrissen, die ihn an das Leben fesselten, gab er sich mit sichrer Hand den Todesstoß und starb, durch seinen Tod

«Der Hanauer». Lithographie, 1833

einen würdigen Schlußstein auf den Riesenbau seines Lebens setzend. Solch ein Ende konnte allein einer so großen Tugend in einer so heillosen Zeit geziemen!

Wenn Büchner abschließend den Vorwurf widerlegt, allein Catos *Unvermögen, sich in einer ungewohnten Lebensweise schicklich zu bewegen*, habe ihn in den Freitod getrieben, dann erweist sich die wahlverwandte Charakteristik des römischen Stoikers als heimliches Selbstporträt, Ab- und Wunschbild in einem: *So wahr auch diese Behauptung klingt, so hört sie bei näherer Betrachtung doch ganz auf einen Flecken auf C a t o s Handlung zu werfen. Diesem Einwurf gemäß wird gefordert, daß C a t o sich nicht allein in die Rolle des R e p u b l i k a n e r s, sondern auch in die des D i e n e r s hätte fügen sollen. Daß er dies nicht k o n n t e und w o l l t e, schreibt man der Unvollkommenheit seines Charakters zu. Daß aber dieses Schicken in alle Umstände eine Vollkommenheit sei kann ich nicht einsehen, denn ich glaube, daß d a s das große Erbteil des Mannes sei, n u r e i n e Rolle spielen, nur in e i n e r Gestalt sich zeigen, nur in das, was er als wahr und recht erkannt hat, sich fügen zu können. Ich behaupte also im*

Gegenteil, daß grade dieses Unvermögen, sich in eine seinen heiligsten Rechten, seinen heiligsten Grundsätzen widersprechende Lage zu finden, von der G r ö ß e, nicht von der E i n s e i t i g k e i t und U n v o l l k o m - m e n h e i t des C a t o zeugt.[60]

Für den Gymnasiasten von 1830 werden die Menschen nicht durchweg von Eigeninteressen geleitet, seine geschichtlichen Heroen verbluten uneigennützig, *freudig*, ganz so, wie es in Gottfried August Bürgers Gedicht «Die Tode» ausgeführt ist, dessen erste Strophe Büchner seinem *Helden-Tod*-Aufsatz voranstellte:

«Für Tugend, Menschenrecht und Menschen-Freiheit sterben
Ist höchsterhabner Mut, ist Welterlöser-Tod,
Denn nur die göttlichsten der Helden-Menschen färben
Dafür den Panzer-Rock mit ihrem Herz-Blut rot.»[61]

Die jüngere Geschichte, vor allem die Ermordung des bei den radikalen Burschenschaftern als Vaterlandsverräter verhaßten Schriftstellers August von Kotzebue durch den Studenten Karl Ludwig Sand im Jahre 1819, hatte bewiesen, daß diese Position nicht ohne weiteres als geschichtsfern eingestuft werden konnte.

Der Zusammenhang zwischen der neuhumanistischen Erziehungsdoktrin, die am Beispiel republikanischer Bürgertugend das Ideal der frei und harmonisch entwickelten Persönlichkeit beschwor, und der Freiheitsbewegung auf den Universitäten, die von dort sogar auf die Schulen übergriff, war mittlerweile auch der Schulaufsichtsbehörde klar geworden. Weil außerdem wichtige Lehrerstellen am Darmstädter Gymnasium mit ehemaligen Burschenschaftern und Teilnehmern der Befreiungskriege besetzt waren (der vorige Direktor Zimmermann setzte sich sogar bei seinem Ministerium für das als «demagogisch» verpönte Turnen ein), geriet das Gymnasium in den Ruch, «eine Vorschule verbotener Verbindungen und Umtriebe» zu sein.[62] Obgleich Direktor Dilthey wiederholt scharfe Reden «gegen die auf Universitäten stattfindenden geheimen Verbindungen» hielt[63], konnten alle seine Mahnungen nicht verhindern, daß zahlreiche Absolventen in gerichtliche Untersuchungen wegen «Teilnahme an staatsverräterischen Handlungen», «revolutionärer Umtriebe», «Hochverrat» oder «Teilnahme an einer staatsgefährlichen burschenschaftlichen Verbindung» verwickelt waren. Allein von Büchners Klassenkameraden, ihn selbst nicht mitgerechnet, wurden acht solcher Vergehen bezichtigt. *Übrigens sind wir Flüchtigen und Verhafteten gerade nicht die Unwissendsten, Einfältigsten oder Liederlichsten*, beteuerte Büchner in einem Brief aus dem Straßburger Exil vom 15. März 1836. *Ich sage nicht zuviel, daß bis jetzt die besten Schüler des Gymnasiums und die fleißigsten und unterrichtetsten Studenten dies Schicksal getroffen hat, die mitgerechnet, welche von Examen und Staatsdienst zurückgewiesen sind.*[64]

Französische Gewitterluft:
Straßburg 1831–1833

Ostern 1831 war für Büchner die Schulzeit vorbei. Das Abgangszeugnis des Direktors bescheinigte ihm «gute Kenntnisse» im Griechischen, befriedigende Leistungen im Lateinischen, «glücklichen Erfolg» im Italienischen und ausgezeichnete Fähigkeiten im Deutschen. Das Fach Französisch wird nicht erwähnt. In den Religionsstunden, heißt es weiter, habe er «manche treffliche Beweise von selbständigem Nachdenken gegeben», während die Leistungen in Mathematik auf Grund «mangelnder Vorkenntnisse» und Kurzsichtigkeit unter dem Klassendurchschnitt lagen. «In der Geschichte» waren «die Kenntnisse» dagegen «bedeutend».[65] Im Unterschied zu seinen Klassenkameraden bezog Büchner nicht sofort im Anschluß die Universität. Das verbleibende halbe Jahr bis zum Beginn des Wintersemesters überbrückte er vermutlich mit allgemeinen und speziellen Studienvorbereitungen.

Der Studienort Straßburg war auf Wunsch des Vaters gewählt worden, weil fachliche und persönliche Gründe dafür sprachen. Dr. Büchner hatte als junger Mann in französischen Zivil- und Militärdiensten gestanden, sich mit dem hohen Niveau der französischen Chirurgie vertraut gemacht und insgesamt eine Vorliebe für das Nachbarland gewonnen. Sein Sohn sollte diese Erfahrungen auf noch qualifiziertere Weise wiederholen, und da er ihn bei den Straßburger Verwandten seiner Frau, die hier mittlerweile im fünften Jahrzehnt ansässig waren, zugleich in guten Händen wußte, machte er sich auch keine Sorgen über dessen Zurechtkommen in der elsässischen Metropole. Die bürokratischen Hürden, die dem Studium an einer auswärtigen Lehranstalt im Wege standen, waren schnell genommen. Am 1. November 1831 konnte Büchner seiner Heimatstadt, deren politisches Klima ihm so *zuwider*[66] war, den Rücken kehren.

Mit dem Wechsel nach Straßburg vertauschte Büchner die verschlafene Kleinstaatenresidenz mit der Hauptstadt des Departements Niederrhein, die *teutsche naßkalte Holländeratmosphäre* mit *französischer Gewitterluft*[67]. Nach Ausbruch der Juli-Revolution war Straßburg unter den ersten Städten in Frankreich gewesen, die die Trikolore aufsteckten. Mit seinen rund 50 000 Einwohnern, darunter rund 600 Studenten allein an der Académie, mit dem Theater, den Buchhandlungen, Kunst- und Musikvereinen, privaten Salons, Lektürekabinetten und Lesegesellschaften, den Cafés und Bierhäusern war Straßburg ein intellektuelles und politisches Zentrum von europäischem Format. Die Vertreibung Karls X., die Inthronisierung Louis-Philippes als ‹König der Franzosen›, die Revolution in Belgien und die polnische Erhebung, all das hatte Bürger und Studenten für politische Agitation empfänglich gemacht und stark polarisiert. Vereine und Hilfsorganisationen waren entstanden, überall in der Öffentlichkeit wurde debattiert und demonstriert.

Der zweijährige Aufenthalt, fünfzehn Monate nach den «drei glorreichen Tagen» des Juli 1830, gab Büchner Gelegenheit, gesellschaftliche Prozesse in einem gegenüber seiner hessischen Heimat fortgeschrittenen politischen System über einen längeren Zeitraum hinweg zu verfolgen. Unmittelbar vor Ort erlebte er sowohl die Nachwehen einer bürgerlichen Revolution als auch die allmähliche Konsolidierung und Etablierung des Juli-Königtums und die wachsende Macht der Geldaristokratie. Louis-Philippe, von den einflußreichen Bankiers, Großgrundbesitzern, Kaufleuten und Industriellen an die Macht gebracht, bedankte sich bei seiner Klientel durch die dauerhafte Allianz mit dem Besitzbürgertum. Im einzelnen hieß das: Beseitigung der feudalen Vormachtstellung, Herstellung der Identität von wirtschaftlicher und politischer Macht, Kanalisierung und Eindämmung der aufgebrochenen revolutionären Energien durch den Abbau republikanischer Institutionen. Büchner erlebte aber auch, wie engagierte Bürger darauf reagierten: mit der Bildung von Pressevereinen, Lesegesellschaften und Geheimverbindungen, also dem Aufbau legaler wie konspirativer, kampffähiger regionaler und nationaler Organisationen. Bauern, Kleinbürgertum und Arbeiterschaft blieben auch unter dem ‹Bürgerkönigtum› weiterhin von der politischen Mitbestimmung ausgeschlossen. Immer deutlicher begann sich abzuzeichnen, daß das Volk in den drei glorreichen Tagen des Juli nicht für sich den Sieg erkämpft hatte, sondern für eine «Bourgeoisie, die eben so wenig taugt wie jene Noblesse, an deren Stelle sie trat, mit demselben Egoismus» (Heinrich Heine[68]).

Straßburg war ein Brennpunkt der Juli-Monarchie, denn in den Grenzregionen hatte sich die soziale Lage weiter Bevölkerungsteile bedeutend verschlechtert. Personal-, Wohnungs- und Mobiliarsteuern, Beurkundungsgebühren, Tabak- und Salzabgaben lasteten schwer auf Erzeugern und Verbrauchern, Grenzzölle und Verkaufssteuern trieben die Lebenshaltungskosten in die Höhe. Vor allem machten sich der enorme Eingangszoll auf Schlachtvieh und die Importsteuer auf billiges ausländisches Getreide bemerkbar. Ein regelrechter Zollkrieg mit dem Ausland war die Folge, der viele Produzenten und Geschäftsleute an den Rand des

Ansicht von Straßburg. Blick von der Kirche St. Wilhelm. Lithographie, um 1840

Ruins brachte und die Arbeitslosenquote rapide anwachsen ließ. Denn vom Handel hing das Auskommen der meisten Beschäftigten ab. Nur fünf Wochen vor Büchners Ankunft erlebte Straßburg den ‹Rinderauf-stand›, der in zerschlagenen Zollhäusern und der Abberufung des libera-len Verwaltungschefs gipfelte. Im benachbarten Departement Oberrhein führten im Juni 1832 die gestiegenen Getreidepreise zu Unruhen bei der Landbevölkerung, die sich, inspiriert von der Partei des verjagten Königs Karl, vor allem gegen die jüdischen Aufkäufer richteten. Nördlich von Colmar wurden Häuser geplündert und zerstört; die *Furie des Fanatis-mus*[69] war in Aktion getreten. Auch vom Aufstand der Seidenweber in Lyon im November 1831, der für Ludwig Börne den Beginn des «Kriegs der Armen gegen die Reichen» markierte[70], und vom republikanischen Aufstandsversuch in Paris vom Juni 1832 blieb Straßburg insofern nicht unberührt, als der Präfekt in Abstimmung mit der Regierung in Paris die Gelegenheit zu einer Offensive gegen die Opposition nutzte (Nachrich-tensperre, verschärfte Polizeikontrollen, Haussuchungen bei führenden Republikanern).[71]

Büchners eigenhändiger Eintrag in den Matrikeln der Straßburger Académie datiert vom 9. November 1831. Zu seinen Kommilitonen ge-hörten die späteren Medizinprofessoren Chrétien-Émile-Édouard Strohl (1814–94) und Charles-Théophile Held (1813–79), der nachmalige Straß-burger Bürgermeister Émile Küss (1815–71), der Anthropologe Jean

Louis Armand de Quatrefages (1810–92) und der Waadtländer Jean-Moyse Lambossy (1810–72). Welche Vorlesungen Büchner bei welchen Dozenten besuchte, ist nicht bekannt, doch haben ihn hauptsächlich «die naturwissenschaftlichen Vorbereitungs- und Hilfsfächer der Medizin» beschäftigt (Georg Zimmermann[72]), insbesondere Zoologie und vergleichende Anatomie, die Büchner vermutlich bei den Ordinarien für Anatomie und Naturgeschichte, Karl Heinrich Ehrmann (1792–1878), der auch Hausarzt der Familie Reuss war, und Georges-Louis Duvernoy (1777–1855) hörte. Auch mit Chemie, Physik, Physiologie und Pharmakologie hat er sich beschäftigt und nebenbei seine Italienisch-Kenntnisse erweitert.

Bei der Erledigung der notwendigen Formalitäten auf der Präfektur wie auch bei der Universitätsverwaltung dürfte Büchner von seinem neun Jahre älteren Verwandten Édouard Reuss (1804–91) begleitet worden sein, einem Cousin der Mutter. Als Privatdozent für Theologie am Protestantischen Seminar lehrte er biblische und orientalische Wissenschaften und war Mitbegründer eines literarischen und theologischen Lesevereins, den auch sein Darmstädter Verwandter frequentierte. Reuss besorgte Büchner das in unmittelbarer Académienähe gelegene Quartier bei dem gemeinsamen Verwandten, dem Pfarrer an St. Wilhelm und Gelegenheitsdichter Johann Jakob Jaeglé (1763–1837), in dessen Familie Büchner nun fast zwei Jahre lang «wie ein Kind gehalten und gehegt» wurde.[73]

Pfarrer Jaeglé war ein weitgereister und hochgebildeter Mann, der eine durchweg «rationalistische Auffassung» des Christentums vermittelte[74], dem Sektengeist, Schwärmerei und Pietismus fernstanden und der als Dichter nach Kräften für sozialen Fortschritt und Volkssouveränität eintrat. Als junger Mann erweckte er 1792 den Eindruck eines zwar «verborgenen», aber doch «wahren Demokraten»[75]. In seiner Privatbibliothek, die auch Büchner zur Verfügung gestanden haben dürfte, waren daher vor allem die philosophischen und pädagogischen Aufklärer des 18. Jahrhunderts und die literarischen Anhänger der Revolution wie Bürger, Schiller und Wieland, aber auch Unterhaltungsschriftsteller der Anakreontik und des Rokoko, Autoren des Göttinger Hain und der Empfindsamkeit vertreten. Jaeglé war seit 1828 verwitwet; den Haushalt besorgte seine Tochter Louise Wilhelmine, mit der sich Büchner während einer Erkrankung im Frühjahr 1832 heimlich verlobte.

Johann Jakob Jaeglé (1763–1837). Zeichnung, um 1790

Auf Wilhelmine paßt wahrscheinlich jenes Porträt, das Lenz in Büchners Novellenfragment von Friederike zeichnet: ... *wenn sie so durch's Zimmer ging,*

Wilhelmine Jaeglé
(1810–1880).
Zeichnung, um 1830

und so halb für sich allein sang, und jeder Tritt war eine Musik, es war so eine Glückseligkeit in ihr, und das strömte in mich über, ich war immer ruhig, wenn ich sie ansah.[76] Denn gerade mit ihrer *inneren Glückseligkeit*, einer *göttlichen Unbefangenheit*, dem *lieben Leichtsinn* und weiteren *bösen Eigenschaften*, die dem *bösen Mädchen* [77] gleichwohl sämtlich zum Vorteil gereichten, wurde die drei Jahre Ältere für Büchner zum «*Engel des Andersseins*»[78]. Die Liebschaft blieb vorerst geheim, weder Pfarrer Jaeglé noch Büchners Familie erfuhren etwas von der Liaison. Erst Ostern 1834 hob Büchner das von ihm verhängte Schweigegebot auf, was dann prompt zu einer heftigen Auseinandersetzung mit seinem Vater führte.

Rekrutierten sich Büchners Straßburger Bekanntschaften zunächst aus der Medizinersphäre, in der das französischsprachige Element dominierte, so rückten ihn die verwandtschaftlichen Beziehungen und der Aufenthalt im Pfarrhaus Jaeglé in die Nähe des deutschsprachigen Theologenmilieus. Beide Kreise überschnitten sich in der Person Eugène Boeckels, der sich nach dem Vorbild seines Vaters, einem Jugendfreund, Studienkommilitonen und Amtsbruder von Pfarrer Jaeglé, zunächst für das Theologiestudium entschieden hatte, dann aber zur Medizin gewechselt war. Obgleich in seinen politischen Ansichten ziemlich naiv, wurde er Büchners intimster Straßburger Freund, mit dem er auch nach der Übersiedlung in die Schweiz in Briefwechsel stand. Ein langjähriger Freund Boeckels war der aus Rheinhessen stammende Theologe Wilhelm Baum (1809–78), der später das noch heute existierende Studienstift ‹Collegium Wilhelmitanum› leitete und ebenfalls zu Büchners engen Freunden zählte. Boeckel war es wohl auch, der Büchner mit der Familie Stoeber bekannt machte, insbesondere den Brüdern August (1808–84) und Adolph Stoeber (1810–92) und ihrem Vater, dem Dichter, Übersetzer, Literaturhistoriker und Publizisten Ehrenfried Stoeber (1779–1835), einem engagierten Republikaner. Als nach 1830 die erste Welle von deutschen Revolutions- und Zensurflüchtlingen Straßburg erreichte, öffnete er vielen von ihnen gastfrei sein Haus. Politisch plädierte er für eine «republikanische Monarchie», einen dritten Weg zwischen Absolutismus und «Pöbelherrschaft».[79] Den «Jakobinismus», der in Straßburg vor allem durch die Namen Eulogius Schneider und Saint-Just repräsentiert war, hatte er als «blutige Willkür unter dem Deckmantel der Freiheit und Gleichheit» in Erinnerung.[80] Sein Onkel Franz Heinrich Ziegenhagen (1753–1806), der die Abschaffung des Privateigentums und einen radikalen Egalitarismus propagierte, gilt als einer der wenigen utopischen Sozialisten im Deutschland des 18. Jahrhunderts. 1835, zwei Jahre nachdem sich seine Familie von ihm getrennt hatte, starb Ehrenfried Stoeber, durch Alkoholismus finanziell und physisch ruiniert, in Schmutz und Verwahrlosung, eine heruntergekommene «Geistes-Ruine»[81].

Für seine Söhne war Literatur, in erster Linie die des deutschen Sprachraums, seit jeher ein lebendiger Bestandteil ihres Lebens gewesen. Ihr Theologiestudium stellten sie hintan, fristeten ihren Unterhalt durch Privatunterricht und traten seit etwa 1826 schriftstellerisch hervor. *Adolph hat unstreitig Talent*, urteilte Büchner 1835 in einem Brief an Gutzkow, *August steht ihm nach, doch ist er gewandt in der Sprache.*[82] Das vielseitige literarische Interesse der Brüder schloß auch die Volkspoesie ihrer Heimat mit ein: beide sammelten elsässische Sagen, Märchen und Lieder, von denen einige in Büchners *Woyzeck* eingingen. Politisch standen sie links der von Boeckel und Baum vertretenen Position des Justemilieu, der ‹richtigen Mitte›, aber rechts des von Büchner vertretenen radikalen Republikanismus, wie er sich in den Diskussionen der von den Brüdern Stoeber und einigen weiteren Freunden 1828 gegründeten Studentenverbindung ‹Eugenia› manifestierte. Treffpunkt war meist das Elternhaus der Stoeber ‹Zum Drescher› am Alten Weinmarkt, wohin sich Büchner in einem Brief vom 24. August 1832 aus Darmstadt zurückversetzt wünschte: *Ach säße ich doch wieder einmal unter Euch im Drescher!*[83]

Um Pfingsten 1832 wurde der Darmstädter von den Eugeniden zum Dauergast («hospes perpetuus») ernannt. Für die anschließende Sitzung am 28. Juni verzeichnet das handschriftliche Protokoll eine lebhafte Debatte «über verschiedene Gegenstände, namentlich das sittliche Bewußtsein, über Hus, Ravaillac, u. Sand, welche die Dialektik von Freund Büchner in eine Reihe stellt, über die Strafgesetze, u. über das Unnatürliche unsers gesellschaftlichen Zustandes, besonders in Beziehung auf Reich u. Arm»[84]. Büchners ‹wissenschaftliche Streitkunst› hatte es zur Verwunderung der biederen Eugeniden vermocht, eine Gemeinsamkeit zwischen dem böhmischen Reformator, dem katholischen Fanatiker und Mörder König Heinrichs IV. sowie dem burschenschaftlichen Kotzebue-Attentäter aufzudecken, nämlich ein ausgeprägtes «sittliches Bewußtsein», das alle drei zum Märtyrer einer Idee werden ließ. Sah der Schüler im religiösen Fanatismus noch durchweg den Ausdruck von *Wut* und *Wahnsinn*[85], deutet sich hier, vielleicht unter dem Eindruck der hessischen Herbstunruhen von 1830, in die religiöse Motive mit eingeflossen waren, eine Wende an, die Büchner 1836 die Erkenntnis formulieren ließ, für *die große Klasse* gebe es nur *zwei Hebel, materielles Elend und religiösen Fanatismus*[86].

Die soziale Frage war in den Diskussionen der ‹Eugenia› auch schon vor Büchners Hinzukommen behandelt worden, aber die Debatten gewannen seitdem an Schärfe. Laut Sitzungsprotokoll vom 5. Juli 1832 «schleuderte» Büchner, «dieser so feurige und so streng republikanisch gesinnte deutsche Patriot… einmal wieder alle möglichen Blitze und Donnerkeule, gegen alles was sich Fürst und König nennt; und selbst die konstitutionelle Verfassung unseres Vaterlands bleibt von ihm nicht unangetastet; weil sie seiner Meinung nach, nie das Wohl und das Glück Frankreichs befördern wird, so lange noch eine aristokratische Macht, wie die Pairskammer, eine dritte mächtige Hand an das Staatsruder zu legen berechtigt ist»[87].Büchners (seinen theologischen Freunden zu skeptische) Einschätzung der Juli-Monarchie entsprach genau seiner Analyse im Brief an die Familie in Darmstadt vom Dezember 1832: …*das Ganze ist doch nur eine Komödie. Der König und die Kammern regieren, und das Volk klatscht und bezahlt*; nicht anders beurteilte er 1833 die deutschen Parlamente: *Unsere Landstände sind eine Satire auf die gesunde Vernunft*[88]; *das arme Volk schleppt geduldig den Karren, worauf die Fürsten und Liberalen ihre Affenkomödie spielen*[89].

In Büchners Straßburger Briefen spiegelte sich, wie sein Bruder Ludwig versicherte, «häufig das Bild der damals in Folge der Julirevolution noch tief aufgeregten Zeit; …häufig auch erwähnen die Briefe des Besuchs europäischer Flüchtlinge»[90]. Spektakulärstes Ereignis dieser Art war der Einzug dreier Generale der geschlagenen polnischen Aufstandsarmee Anfang Dezember 1831, was einige Zehntausend Schaulustige auf die Beine brachte. Büchner erlebte das Ereignis als Augenzeuge und schilderte es nicht ohne Ironie in einem Brief an seine Familie.

Die deutschen Flüchtlinge kamen in mehreren Wellen nach Straßburg. Auf Grund der geographischen Lage entstand hier neben Paris die größte Flüchtlingskolonie Frankreichs, das für seine liberale Asylpraxis

Einzug der polnischen Generale in Straßburg. Federlithographie, 1831

bekannt war. Manchen der deutschen Exulanten war in der Heimat jede publizistische Tätigkeit untersagt worden, teils lagen bereits Strafanzeigen gegen sie vor; nach anderen wurde wegen «hochverräterischer Umtriebe» gefahndet. Die Solidarität der elsässischen Republikaner ermöglichte vielen von ihnen, häufig gegen die französischen Flüchtlingsgesetze, den Aufenthalt in der grenznahen Großstadt, später schützte deren persönliches Geleit sie bei Behördengängen und auf Reisen vor Übergriffen der ‹Sicherheitsorgane›. Angesehene Bürger übernahmen Bürgschaften für sie, Hilfsvereine sorgten gegebenenfalls für ihre materielle Unterstützung. Die enge Zusammenarbeit zwischen französischen und deutschen Oppositionellen manifestierte sich in zahlreichen politischen Druckschriften, die in Straßburg hergestellt worden und für Deutschland bestimmt waren, sowie in gemeinsamen Zusammenkünften, teils in der Stadt oder ihrer Umgebung, teils aber auch auf dem rechten Rheinufer.

Erster Höhepunkt der deutsch-französischen Kooperation und zugleich bedeutendste Veranstaltung dieser Art war das Hambacher Fest vom 27. Mai 1832 bei Neustadt an der Weinstraße, mit 30000 Teilnehmern die bis dahin größte Volkskundgebung gegen das System der Restauration. Ökonomische Forderungen nach Schaffung eines einheitlichen Marktes, der Einführung von Handels- und Gewerbefreiheit und der Errichtung von Schutzzöllen gegen das Ausland verbanden sich mit dem Ruf nach bürgerlicher Freiheit und nationaler Einheit. Umstritten blieb, auf welchem Weg und in welcher Form dies zu realisieren sei, evolutionär oder revolutionär, unter dem Dach einer konstitutionellen Monar-

chie oder durch eine Repräsentativ-Republik. Der Sembacher Pfarrer Johann Heinrich Hochdörfer, einer der Hauptredner des Tages, erklärte als Ziel der Zusammenkunft, einander «für die Befreiung der niedergetretenen Völker Europas, besonders aber des deutschen Volkes, zu begeistern, zu ermutigen, zu stärken»[91]. Die Teilnehmer, Bürger und Handwerker, Bauern und Intellektuelle, repräsentierten alle Klassen der Bevölkerung und kamen aus allen Teilen des Deutschen Bundes sowie aus den Exil-Hochburgen Paris und Straßburg.

Obgleich das Hambacher Fest ohne konkrete Ergebnisse endete, wurde es zum Auslöser für eine ganze Reihe bundesweiter Sanktionen gegen die Opposition. Die am 28. Juni und 5. Juli vom Frankfurter Bundestag verabschiedeten «Maßregeln zur Aufrechterhaltung der gesetzlichen Ordnung und Ruhe in Deutschland» liquidierten die ohnehin eingeschränkte Pressefreiheit, belegten politische Vereine mit einem Totalverbot und kriminalisierten jede Art von Versammlung, die einem politischen Zweck diente. Eine Fortsetzung der außerparlamentarischen Arbeit war damit nur noch in der Illegalität möglich.

Die Opposition sah darin ganz zu Recht einen offenen Verfassungsbruch; «jedes Mittel, selbst Mord» schien nun den Entschlossensten unter ihnen «zur Herstellung der Volksfreiheit erlaubt»[92]. Seit dem Sommer wurde überregional und in Zusammenarbeit mit polnischen und französischen Republikanern der Aufstand vorbereitet. Geplant war ein Sturmangriff auf die Frankfurter Polizeiwachen und die anschließende Besetzung der Delegiertenversammlung des Deutschen Bundes im Palais Thurn und Taxis, mit Festsetzung der Gesandten. Dies sollte das Signal für eine gleichzeitige bewaffnete Insurrektion in Südwestdeutschland sein. Der Unterstützung durch elsässische Nationalgardisten, polnische Exiltruppen, Teile des württembergischen Heeres sowie Zehntausende hessischer Bauern war man angeblich sicher. Logistische Probleme und der Verrat des Unternehmens durch den Butzbacher Bürger Johann Konrad Kuhl ließen den Frankfurter Putsch zu einem vollständigen Fehlschlag werden. Nach einer Stunde war das in Bereitschaft liegende Linienmilitär Herr der Lage. Das Ergebnis: neun Tote und mindestens 24 teils schwer Verwundete.

Die Wachenstürmer, im Kern Intellektuelle und Studenten, hatten sowohl die politische Gesamtsituation als auch die reale Kräftekonstellation falsch eingeschätzt. Ein Signal hätte der Frankfurter Putsch nur in einer politischen und ökonomischen Krisenlage sein können, wenn die

Der Frankfurter Wachensturm. Bilderbogen aus Épinal, 1833

materiellen Verhältnisse unerträglich und die politische Situation äußerst instabil gewesen wäre, so daß es nur noch eines Fanals bedurft hätte, um das ganze System zu stürzen. Das war 1833 aber nicht der Fall. Zudem war Frankfurt zwar Sitz der Bundesversammlung, aber kein echtes Regierungszentrum: Ein Schlag gegen den Bundestag hätte in Berlin oder Wien wenig bedeutet. Büchner verfolgte die Aktion, an der mehrere seiner ehemaligen Mitschüler als Gießener Burschenschafter zumindest mittelbar beteiligt waren, aus räumlicher wie persönlicher Distanz und kommentierte sie entsprechend. Erklärte er sich einerseits mit den Zielen der Attentäter prinzipiell solidarisch, wobei er die Berechtigung revolutionärer Gegengewalt ausdrücklich bejahte, erteilte er andererseits dem Zeitpunkt des Putschversuchs eine klare Absage: *Meine Meinung ist die: Wenn in unserer Zeit etwas helfen soll, so ist es G e w a l t. Wir wissen, was wir von unseren Fürsten zu erwarten haben. Alles, was sie bewilligten, wurde ihnen durch die Notwendigkeit abgezwungen ... Man wirft den jungen Leuten den*

Gebrauch der Gewalt vor. Sind wir denn aber nicht in einem ewigen Gewaltzustand? Weil wir im Kerker geboren und großgezogen sind, merken wir nicht mehr, daß wir im Loch stecken mit angeschmiedeten Händen und Füßen und einem Knebel im Munde. Was nennt Ihr denn gesetzlichen Zustand? Ein Gesetz, das die große Masse der Staatsbürger zum fronenden Vieh macht, um die unnatürlichen Bedürfnisse einer unbedeutenden und verdorbenen Minderzahl zu befriedigen? Und dies Gesetz, unterstützt durch eine rohe Militärgewalt und durch die dumme Pfiffigkeit seiner Agenten, dies Gesetz ist eine ewige, rohe Gewalt, angetan dem Recht und der gesunden Vernunft, und ich werde mit Mund und Hand dagegen kämpfen, wo ich kann. Wenn ich an dem, was geschehen, keinen Teil genommen und an dem, was vielleicht geschieht, keinen Teil nehmen werde, so geschieht es weder aus Mißbilligung, noch aus Furcht, sondern nur weil ich im gegenwärtigen Zeitpunkt jede revolutionäre Bewegung als eine vergebliche Unternehmung betrachte und nicht die Verblendung derer teile, welche in den Deutschen ein zum Kampf für sein Recht bereites Volk sehen. Diese tolle Meinung führte die Frankfurter Vorfälle herbei, und der Irrtum büßte sich schwer.[93]

Der Frankfurter Wachensturm war die spektakulärste republikanische Aktion vor der Revolution von 1848, er blieb jedoch ohne fruchtbare Resultate und schadete der Opposition mehr als daß er ihr nutzte. Die Spitzenpolitiker der Restauration erkannten schnell die Gunst der Stunde. Mit einer noch rigideren Innenpolitik, flächendeckenden Ermittlungen und einer Welle von Verhaftungen reagierten sie auf den Umsturzversuch und installierten im Sommer 1833 in Frankfurt eine ‹Zentralbehörde›, die nähere Umstände, Umfang und Zusammenhang der Verschwörung untersuchte und für die nächsten zehn Jahre sämtliche Aktionen der politischen Polizei und der lokalen Untersuchungsbehörden in den einzelnen Bundesstaaten koordinierte.

Es erscheint undenkbar, daß ein entschiedener Republikaner wie Georg Büchner bei seinem offenkundigen Interesse für Zeitgeschichte sich nicht eingehend über die politischen Theorien und Organisationsformen der französischen Linksopposition informierte, insbesondere auch über die Differenzierungsprozesse innerhalb der Bewegung, wie sie in Deutschland erst mit mehrjähriger Verspätung vollzogen wurden. Die beiden wichtigsten Vereinigungen mit republikanischer, sozialer und demokratischer Zielsetzung waren die ‹Gesellschaft der Volksfreunde› und die ‹Gesellschaft der Menschen- und Bürgerrechte›. Die ‹Volksfreunde› (als Sekretär der Straßburger Sektion fungierte ein Cousin Ehrenfried Stoebers) engagierten sich für die soziale Reform, die wiederum vage als «gleiche Verteilung von Lasten und Gewinn und vollkommene Herrschaft der Gleichheit»[94] definiert wurde. Weithin bekannt wurden sie durch den Pariser Schauprozeß gegen fünfzehn ihrer Mitglieder im Januar 1832. In seiner in Straßburg auch in deutscher Übersetzung erschienenen Verteidigungsrede beschrieb das Führungsmitglied Auguste Blanqui (1805–81) das politische System der Juli-Monarchie als «Maschine», mit deren Hilfe das Vermögen von 30 Millionen Franzosen in die Taschen einiger Hunderttausend privilegierter Müßiggänger geleitet werde.[95]

Nach dem Verbot der ‹Volksfreunde› wurde deren Rolle weitgehend von der ‹Gesellschaft der Menschen- und Bürgerrechte› übernommen, die allerdings weitaus straffer und konspirativer organisiert und auch «schärfer sozial geprägt»[96] war. Hatte Robespierres letzte Rede vom 8. Thermidor 1794 als «Evangelium» der ‹Volksfreunde› gegolten[97], so war sein Entwurf der Menschenrechtserklärung von 1793, der das Recht auf Eigentum dem Recht auf Leben nachordnete, seit Oktober 1833 offizielles Programm der ‹Gesellschaft der Menschen- und Bürgerrechte›.

Gleichzeitig gewann eine radikale Fraktion an Einfluß, die sich an den Lehren von François Noël (genannt Gracchus) Babeuf (1760–97) orientierte. Babeuf erkannte, daß die Durchsetzung der sozialen Gleichheit von einer grundlegenden Veränderung des Besitzrechts abhängig war. 1795 propagierte er daher die Aufhebung des Privateigentums und «die große nationale Gütergemeinschaft».[98] Am Vorabend seines bewaffneten Aufstandsversuchs gegen die Direktorialregierung wurde er verhaftet und 1797 hingerichtet. Über drei Jahrzehnte später dokumentierte sein Schüler und Kampfgefährte Filippo Buonarroti (1761–1837) die politische, soziale und ökonomische Theorie seines Gleichheitskommunismus in der 1828 erstmals erschienenen «Verschwörung für die Gleichheit, benannt nach Babeuf», die ab 1834 zum «revolutionären Handbuch der anschwellenden neobabouvistischen Bewegung»[99] wurde. Zusammen mit Buonarrotis direkter Agitation in Bildungszirkeln und der Propaganda seiner Anhänger in Presse und Flugschriften verschaffte dies dem Neobabouvismus entscheidenden Einfluß auf die Volksgesellschaften.

Welche Fraktion der Republikaner während Büchners Straßburg-Aufenthalt dominierte, ist ebenso ungeklärt wie die Frage nach seinen Beziehungen zur Linksopposition. Nach Aussage eines Darmstädter Mitverschworenen soll Büchner «Mitglied der Gesellschaft der Menschenrechte zu Straßburg gewesen sein» und «dort deren Grundsätze eingesogen haben».[100] Angesichts der notwendigen Konspirativität derartiger Beziehungen wird diese Behauptung keineswegs dadurch widerlegt, daß sie bis heute von der Forschung nicht bestätigt werden konnte. Denn an gedruckte Mitgliederverzeichnisse und offene Briefwechsel ist bei Zirkeln mit revolutionärer Zielsetzung kaum zu denken; die Kommunikation erfolgte heimlich und auf vielfältig verschlüsselte Weise. Und wie diskret sich Büchner seinerseits als Gründer von zwei revolutionären Geheimgesellschaften verhielt, geht aus seiner späteren Bemerkung hervor, *unter* seinen in Gießen beschlagnahmten *Papieren* befinde *sich keine Zeile, die* ihn *kompromittieren könnte.*[101]

Derartige Kontakte hätten leicht von Dritten vermittelt werden können, etwa von Ehrenfried Stoeber oder einem seiner republikanisch gesinnten Cousins. Auch durch seine Kommilitonen konnte Büchner Zutritt zu radikalen Republikanerkreisen erhalten, denn gerade die Studenten der Medizinischen Fakultät gehörten zu den engagiertesten der Académie, nicht wenige waren in politischen Gesellschaften organisiert. Gibt es auch weder in Büchners Briefwechsel noch in anderen Dokumenten Beweise für nähere Beziehungen Büchners zu den Straßburger Republikanern, fanden sich doch im Briefwechsel eines seiner Darmstädter Bekannten[102] möglicherweise Spuren, die dann allerdings direkt zu einem der bekanntesten Republikaner des Elsaß führen würden, zu Lucien Rey, dem Schriftsteller und Ex-Redakteur des «Journal Universel», der 1832 die Delegation der Straßburger ‹Volksfreunde› auf dem Hambacher Fest angeführt, dort in einer flammenden Rede an den Blutzoll der französischen Patrioten von 1789 und 1830 erinnert und Ende 1833 anscheinend den Wechsel zur ‹Gesellschaft der Menschen- und Bürgerrechte› mitvollzogen hatte, und zu dem fourieristischen Propagandisten Henri-Guillaume Carnari.

Abgesehen von einem fast dreimonatigen Ferienaufenthalt im Darmstädter Elternhaus blieb Büchner rund zwei Jahre in Straßburg, die ihm rückblickend als außerordentlich *glücklich*[103] erschienen. Straßburg war ihm zur *zweiten Vaterstadt* geworden, der er im Falle seines Todes *eine Herzkammer nebst* dem *übrigen durchlauchtigsten Kadaver vermachen würde*[104]. Vier Wochen nach einer großen Vogesen-Wanderung und bald nach einem anschließenden Ausflug mit den Freunden der ‹Eugenia› kehrte Büchner am 7. August 1833 in seine hessische Heimat zurück.

Gießen und Darmstadt
1833–1835

Das oberhessische Studentendorf

Den Rest der Sommerferien 1833 verbrachte Büchner in Darmstadt, von wo aus er sich in einem Brief an den Verwandten Reuss sarkastisch über seine *furchtbar, kolossal, langweiligen Umgebungen* äußerte: *Es ist etwas Großartiges in dieser Wüstenei, die Wüste Sahara in allen Köpfen und Herzen.*[105]

Etwas Abwechslung in diese intellektuelle Ödnis brachte Ende September der Besuch des Straßburger Bekannten Alexis Muston (1810–88), der zu Studien über die Geschichte der Waldenser-Gemeinden nach Darmstadt gekommen war. Seine Begegnungen und Gespräche mit Büchner hat Muston in einem Tagebuch festgehalten. Auf der Rückreise wurde er von Büchner bis zur Bergstraße begleitet; im ‹Felsenmeer› bei Lautertal-Reichenbach (Odenwald) hat Muston seinen Freund gezeichnet. Am nächsten Tag ergab sich ein Gespräch über «Saint-Simonismus», worüber sich Büchner bereits in einem Brief vom Frühjahr des gleichen Jahres informiert gezeigt hatte, sowie über «soziale und religiöse Erneuerung, Weltrepublik, vereinigte Staaten von Europa und andere Utopien»[106].

Den Wechsel nach Gießen vollzog Büchner höchst ungern, sein weiterer Weg schien damit vorgezeichnet. Binnen zwei Jahren würde er dort das Doktordiplom erwerben und anschließend eine Praxis eröffnen oder eine akademische Karriere versuchen. In jedem Fall aber bedeutete dies, als *Knecht mit Knechten* in die Dienste eines *vermoderten Fürstengeschlechts* treten zu müssen.[10] Auch wegen der Dezimierung seines dortigen Freundeskreises auf Grund der Wachensturm-Ermittlungen versprach sich Büchner *von Gießen* nur *wenig*: seine *Freunde* seien *flüchtig oder im Gefängnis*[108], heißt es im Brief an Édouard Reuss vom

Georg Büchner im ‹Felsenmeer›. Zeichnung von Alexis Muston, 1833

31. August 1833. Vier Wochen später trat er dennoch sein Studium an der ‹Ludoviciana› an.

Welche Kurse Büchner im ersten Semester an der Landesuniversität belegte, ist nicht bekannt, doch dürfte er sich vorrangig den hilfswissenschaftlichen «Zwangskollegs»[109] gewidmet haben, deren Besuch vorgeschrieben war, beispielsweise Psychologie bei Joseph Hillebrand (1788–1871). Denkbar ist auch die Teilnahme an der Vorlesung über Anatomie des Menschen bei Johann Bernhard Wilbrand (1779–1846) und an einem Kurs über die Anatomie des Zentralnervensystems bei Friedrich Christian Gregor Wernekinck (1798–1835). Sein Pensum im Sommersemester 1834 dürfte umfangreicher gewesen sein: Logik sowie Naturrecht und Allgemeine Politik bei Hillebrand sind ebenso nachgewiesen wie Vergleichende Anatomie bei Wernekinck; Naturphilosophie bei Wilbrand, Geistes- und Gemütskrankheiten bei Ernst Ludwig Wilhelm Nebel (1772–1854) und Analytische Chemie bei Justus Liebig (1803–73) könnten dem Autor des *Woyzeck* nachträglich von Nutzen gewesen sein.

Ein *Anfall von Hirnhautentzündung*[110], bei dem Bettruhe angezeigt war, zwang Büchner schon Ende November zur vorläufigen Rückkehr. In den fünf Wochen seines Darmstädter Genesungsurlaubs scheint ihn vor allem die Frage des persönlichen politischen Engagements beschäftigt zu haben. Vergegenwärtigt man sich die Stationen von Büchners Reifungsprozeß, wird klar, daß er unter den damaligen Verhältnissen (Einschränkung bzw. Aufhebung der bürgerlichen Freiheitsrechte, Inhaftierung politischer Gegner usw.) mit Konsequenz zu gar keinem anderen Ergebnis gelangen konnte als zur praktischen Einmischung. Wilhelm Schulz bestätigte 1837: «Der so reich begabte junge Mann war mit zu viel Tatkraft ausgerüstet, als daß er bei der jüngsten Bewegung im Völkerleben… in selbstsüchtiger Ruhe hätte verharren sollen… Ein Feind jeder töricht unbesonnenen Handlung …haßte er doch jenen tatenlosen Liberalismus… und war zu jedem Schritte bereit, den ihm die Rücksicht auf das Wohle seines Volkes zu gebieten schien.»[111]

Bereits die Praxis der behördlichen Untersuchungen gegen die republikanische Bewegung konnte Büchner nicht unberührt lassen, zumal unter den politisch Verfolgten mehrere ehemalige Mitschüler waren. Zur Entlastung eines von ihnen, des Medizinstudenten Christian Kriegk, hatte er im August/September 1833 sogar «einen Meineid geleistet»[112], der Kriegks Freilassung nach gut dreimonatiger Untersuchungshaft mit herbeiführte. Es war gleichzeitig Büchners erster und ganz bewußter Schritt in die politische Konspiration. Die Ermittlungen im Anschluß an den Frankfurter Wachensturm richteten sich in Gießen mittlerweile gegen 28 Verdächtige, fünfzehn befanden sich bereits in Haft, neun waren flüchtig. Kurz nach Büchners Ankunft wurden erneut zwei Haftbefehle vollstreckt.

Vor allem die *politischen Verhältnisse*, keineswegs nur im Großherzogtum, waren ganz dazu angetan, Büchner *rasend zu machen… Ich bete*

Studentenbude in Gießen. Federzeichnung von Ernst Elias Niebergall, 1835

jeden Abend zum Hanf und zu d. Laternen[113], heißt es in einem Brief aus Darmstadt vom 9. Dezember 1833. Eine Möglichkeit zur Veränderung zeichnete sich nicht ab; die Regierung war nicht willens, die Landtagsopposition zu schwach und nach Büchners Meinung an tiefgreifenden sozialen Reformen auch nicht interessiert. Der Weltzustand war insgesamt deprimierend, und wer wie Büchner genau hinschaute, mußte schwermütig werden, zumal in Oberhessen, einem der rückständigsten Gebiete in Deutschland überhaupt. Hier waren viele Bauern der Doppelbelastung durch traditionelle Abgaben an die feudalen Großgrundbesitzer und neue Landessteuern der Regierung in Darmstadt ausgesetzt. Dieser «Zweiherrendienst» war die Hauptursache der stetigen Verarmung der Landbevölkerung in den Krisengebieten des Vogelbergs, des Hinterlands um Biedenkopf und den standesherrlichen Gebieten der Wetterau. Dort war man «arm und unfrei zugleich»[114]. Für 40 bis 45 Prozent der Erwerbstätigen, Kinder ab zwölf Jahren und Greise eingerechnet, galt ein Arbeitstag von zwölf bis achtzehn Stunden. Im Bild der «vielen tausend Familien», die «nicht im Stande» seien, «ihre Kartoffeln zu schmälzen»[115], faßte Büchner gegenüber August Becker die Notlage Zehntausender Menschen im Großherzogtum zusammen, deren Arbeits-, «Ernährungs-, Wohn- und Gesundheitsverhältnisse... alle Züge des vorindustriellen Pauperismus» trugen.[116]

Um so unbegreiflicher, daß ihre Not nicht wenigstens ansatzweise Erscheinungen revolutionärer Militanz hervorbrachte. Aber auch in der Analyse war Büchner Realist. Schon bei früherer Gelegenheit hatte er deutlich gemacht, daß jeder Versuch, *Umänderungen* herbeizuführen, ohne Rückhalt bei *der großen Masse* des Volks *vergebliches Torenwerk*

43

sei. Daher stand für ihn fest, daß er sich *in die Gießener Winkelpolitik und revolutionären Kinderstreiche nicht einlassen werde*[117]. Galt dies insbesondere dem radikalen Flügel der Burschenschaft, kommentierte er auch den oberflächlichen Enthusiasmus des oppositionellen Gießener Bürgertums mit den ironischen Worten: *Die Leute gehen ins Feuer, wenn's von einer brennenden Punschbowle kommt!*[118]

Da die Gegenwart kein Konzept für eine Lösung anzubieten hatte, suchte Büchner in der Französischen Revolution nach einem Modell. Doch auch die Antworten der Geschichte auf die Fragen des Weltverbesserers konnten nur entmutigend ausfallen. Was Büchner allein helfen konnte, war eine auf sich bezogene, existentielle Fragestellung. Das Ergebnis seiner historischen Studien und die Überwindung der bei sich selbst diagnostizierten *Schwermut*[119] durch die Besinnung auf die eigenen Chancen und Pflichten spiegelt ein Brief an Wilhelmine Jaeglé, der auf Grund von Wetteranspielungen und anderen Indizien auf die zweite bis dritte Januarwoche 1834 datiert werden konnte[120]: *Ich studierte die Geschichte der Revolution. Ich fühlte mich wie zernichtet unter dem gräßlichen Fatalismus der Geschichte. Ich finde in der Menschennatur eine entsetzliche Gleichheit, in den menschlichen Verhältnissen eine unabwendbare Gewalt, allen und keinem verliehen. Der einzelne nur Schaum auf der Welle, die Größe ein bloßer Zufall, die Herrschaft des Genies ein Puppenspiel, ein lächerliches Ringen gegen ein ehernes Gesetz, es zu erkennen das Höchste, es zu beherrschen unmöglich. Es fällt mir nicht mehr ein, vor den Paradegäulen und Eckstehern der Geschichte mich zu bücken. Ich gewöhnte mein Auge ans Blut. Aber ich bin kein Guillotinenmesser. Das muß ist eins von den Verdammungsworten, womit der Mensch getauft worden. Der Ausspruch: es muß ja Ärgernis kommen, aber wehe dem, durch den es kommt, – ist schauderhaft. Was ist das, was in uns lügt, mordet, stiehlt? Ich mag dem Gedanken nicht weiter nachgehen. Könnte ich aber dies kalte und gemarterte Herz an deine Brust legen!*[121]

Büchner formuliert hier die Erkenntnis, wonach sich in der Geschichte die Kämpfe zwischen ausbeutenden und ausgebeuteten Klassen wiederholen. Er begriff, daß eine bis dahin unterdrückte Klasse das alte Regime nur durch materielle Gewalt zu stürzen und ihre eigene Herrschaft ebenfalls nur durch Gewalt zu etablieren und zu sichern vermag. Am Beispiel der Revolution von 1789 ließ sich insbesondere zeigen, daß die liberale Bourgeoisie zwar mit dem Anspruch, sie handle im allgemeinen Interesse angetreten, am Ende jedoch als alleiniger Nutznießer aus dem Umsturz hervorgegangen war. Die Juli-Revolution hatte den Egoismus des liberalen Bürgertums erneut unter Beweis gestellt. Wenn aber auch stets Eigeninteressen der Menschen im Spiel sind, bleibt die Entwicklung doch auf solche egoistischen Motive angewiesen.

Mit dem *ehernen Gesetz*, das bestenfalls erkennbar, aber niemals beherrschbar sei, beschrieb Büchner die Unkalkulierbarkeit der Wirkung von Kräften und Gegenkräften in der Revolution. Notwendige Schlußfolgerung dieser Erkenntnis eines von Zufälligkeiten gesteuerten ‹Bewegungsgesetzes› war die Revision des früheren Heldenbildes. Konnte *der einzelne* den Verlauf der Revolution auch befördern oder sich ihr entgegenstellen, so vermochte er doch ihre Resultate nicht zu bestimmen. In den großen Männern, vor deren idealisierter Gestalt er sich in den Schülerschriften noch gebückt hatte, sah er nun *Paradegäule* und *Ecksteher*: Vorzeigehelden und großsprecherische Platzhalter. Was ihn zentral beschäftigte, war die Fatalität des historischen Subjekts, die Frage, was den *einzelnen* zur geschichtlichen Tat veranlaßte. Im Revolutionsdrama ließ er Danton sich auf die Notwehr berufen, im Brief an die Verlobte mochte er *dem Gedanken nicht weiter nachgehen.* Denn mit dem Handeln war das Schuldigwerden verbunden: zum einen wegen der Unkontrollierbarkeit nicht der Tat, aber der Folgen, zum andern wegen der *unabwendbaren Gewalt.* Daher das Geständnis: *Ich bin kein Guillotinenmesser*, und: *wehe dem, durch* welchen Ärgernis *kommt* (nach Matthäus 18,7). Der Anspruch, die Welt retten zu wollen, würde unabwendbar Schmerz und Tod für sich selbst und/oder für andere bringen. Damit eröffnete Büchner eine ethische Kategorie, die nicht den Dichter und nicht den Philosophen zu beschäftigen brauchte, wohl aber den *direkter politisch zu Werke* gehenden[122], den Sozialrevolutionär.

Das Studium der Revolutionsgeschichte ließ Büchner also keineswegs resignieren. Wie schon die nächsten Wochen zeigen sollten, hatte er sich für eingreifendes politisches Handeln entschieden. Anders als Danton in seinem Drama (und statt dessen ebenso wie dort Robespierre) hält sich Büchner an das Muß: *...ich nehme die Sünde auf mich... ich habe die Qual des Henkers.*[123]

Die klare Entscheidung half Büchner, den Widerwillen gegen das medizinische Brotstudium, der sich schon in einem Straßburger Brief vom 3. November 1832 ausgesprochen hatte, fürs erste zu überwinden. Die dauernde Unterdrückung der eigenen Wünsche und Interessen zugunsten des vom Vater verlangten Gehorsams trugen ebenso zu seiner «trüben und zerrissenen Gemütsstimmung» bei wie «die ihm beinahe unerträglich scheinende Trennung von seiner Braut», die er nur mit der Vorstellung eines Besuchs zu Ostern betäuben konnte. Im «unfreundlichen Gießen, das er stets mit Straßburg verglich und nicht genug tadeln konnte»[124], empfand er das «Heimweh nach der Braut, nach den Straßburger Freunden und dem Elsaß»[125] besonders heftig: *Hier ist kein Berg, wo die Aussicht frei sei. Hügel hinter Hügel und breite Täler, eine hohle Mittelmäßigkeit in allem; ich kann mich nicht an diese Natur gewöhnen, und die Stadt ist abscheulich.*[126]

Gießen, von Alexander Büchner respektlos das oberhessische «Studentendorf»[127] genannt, war geprägt von seiner Universität, die Mittelpunkt und Achse des städtischen Lebens bildete, und von den durchschnittlich 400 bis 600 Studenten, die – bei nahe 7000 Einwohnern – eine wichtige Einnahmequelle für die Bürgerschaft darstellten. Nur etwa 20 Prozent der erwachsenen Erwerbstätigen waren abhängig beschäftigt. Durch die günstige Lage zwischen Frankfurt und Kassel war Gießen schon früh zu einem bedeutenden Handelsplatz geworden. Die Abgeschiedenheit im ringsum geschlossenen Lahntal konterkarierte die merkantile Weltläufigkeit.

Büchner kam in eine Stadt von mittelalterlichem Aussehen, mit «engen, winkligen, abscheulich gepflasterten, schmutzigen Gassen»[128]. Sein Quartier bei Kaufmann Hof(f)mann auf dem Seltersweg (Lage: heutige Nr. 19) befand sich in einem Neubauviertel, in der Nähe wohnten sein Mitschüler Ernst Elias Niebergall, später bekannt als Autor zweier Lokalpossen in Darmstädter Mundart, sowie seine Klassenkameraden Luck und Friedrich Zimmermann zur Untermiete. Insgesamt zählte die Darmstädter Studentenkolonie über 50 Köpfe, darunter zehn Mediziner. Zwar sind einzelne Begegnungen mit ihnen belegt, doch hielt Büchner überwiegend Distanz, weil er *an ihren Vergnügungen und Beschäftigungen keinen Geschmack* fand. Er *sparte* sich damit *viel Langeweile,* mußte allerdings in Kauf nehmen, daß man ihn *für hochmütig* hielt.[129]

Büchner ignorierte jedoch nicht sämtliche studentischen Verbindungen; hier ist zwischen der verbotenen Burschenschaft und den behördlich geduldeten loyalen Landsmannschaften zu unterscheiden. Während letztere die wüsten Traditionen des Burschenlebens, Zechgelage und

Karikatur auf politische Flugschriftenverteiler.
Federzeichnung von Ernst Elias Niebergall, 1835

Ansicht von Gießen.
Kolorierte Lithographie von Friedrich Reinermann, 1820/30

Raufereien, in den Mittelpunkt stellten und sich in ständischer Exklusivität gegen ihre nicht-studentische Umwelt abschlossen, zielte die Burschenschaft auf die Errichtung eines Bundes aller Studierenden mit politischen Absichten. Seit 1832 war der radikale Flügel, die ‹Germania›, zudem mit ihren Altersgenossen aus dem Bürgerstand (meist Handwerkern) regelrecht verbrüdert, um «gemeinsam und daher mit mehr Kraft und Erfolg nach einem Ziele zu streben»[130]. Die ‹Germanen› beteiligten sich an den Veranstaltungen bei den Polen-Durchzügen, der Gründung von Presse-Unterstützungsvereinen und bei politischen Volksfesten; eine ‹engere Verbindung› unter ihnen hatte auch an Planung und Durchführung des Frankfurter Wachensturms mitgewirkt.

Nach dem gescheiterten Putsch entschloß sich die ‹Germania› aus taktischen Gründen zur Selbstauflösung; etwa 30 bis 40 Mitglieder formierten sich anschließend als ‹Corps Palatia›. Der landsmannschaftliche Tarnname war wohl zu Ehren der Freiheitsbewegung in der Pfalz gewählt worden. Etwa zwei Drittel der Mitglieder hielten an der alten revolutionären Zielsetzung fest, eine Minderheit sprach sich gegen jede weitere Beteiligung an den «Umtrieben» aus, darunter der Professorensohn Karl Vogt. Das bekannte spöttische Bild, das dieser aus der Sicht seiner Kommilitonen von Büchner in Gießen überlieferte, dürfte im Kreis eben dieser Fraktion entstanden sein, die sich über das politische Engagement des linken Flügels lustig machte: «Offen gestanden, dieser Georg Büchner war uns nicht sympathisch. Er trug einen hohen Zylinderhut, der ihm immer tief unten im Nacken saß, machte beständig ein Gesicht wie eine Katze, wenn's donnert, hielt sich gänzlich abseits... Seine Zurückgezogenheit wurde für Hochmut ausgelegt, und da er offenbar mit politischen Umtrieben zu tun hatte, ein- oder zweimal auch revolutionäre Äußerungen hatte fallen lassen, so geschah es nicht selten, daß man abends, von der Kneipe kommend, vor seiner Wohnung still hielt und ihm ein ironisches Vivat brachte...»[131]

Die Verärgerung einiger *alter Bekannter* über Büchners *Betragen* gegen sie drang sogar bis nach Darmstadt und fand ein Echo bei seinen Eltern, denen gegenüber sich der als *Verächter, Spötter und Hochmütiger* Beschuldigte im Februar förmlich rechtfertigen mußte: *Man nennt mich einen S p ö t t e r. Es ist wahr, ich lache oft, aber ich lache nicht darüber, w i e Jemand ein Mensch, sondern nur darüber, d a ß er ein Mensch ist, wofür er ohnehin nichts kann, und lache dabei über mich selbst, der ich sein Schicksal teile. Die Leute nennen das Spott, sie vertragen es nicht, daß man sich als Narr produziert und sie duzt; sie sind Verächter, Spötter und Hochmütige, weil sie die Narrheit nur a u ß e r   s i c h suchen. Ich habe freilich noch eine Art von Spott, es ist aber nicht der der Verachtung, sondern der des Hasses. Der Haß ist so gut erlaubt als die Liebe, und ich hege ihn im vollsten Maße gegen die, w e l c h e v e r a c h t e n. Es ist deren eine große Zahl, die im Besitze einer lächerlichen Äußerlichkeit, die man Bildung, oder eines toten Krams, den man Gelehrsamkeit heißt, die große Masse ihrer Brüder ihrem verachtenden Egoismus opfern. Der Aristokratismus ist die schändlichste Verachtung des heiligen Geistes im Menschen; gegen ihn kehre ich seine eigenen Waffen; Hochmut gegen Hochmut, Spott gegen Spott. – Ihr würdet euch besser bei meinem Stiefelputzer nach mir umsehn; mein Hochmut und Verachtung Geistesarmer und Ungelehrter fände dort wohl ihr bestes Objekt. Ich bitte, fragt ihn einmal... Die Lächerlichkeit des Herablassens werdet Ihr mir doch wohl nicht zutrauen. Ich hoffe noch immer, daß ich leidenden, gedrückten Gestalten mehr mitleidige Blicke zugeworfen, als kalten, vornehmen Herzen bittere Worte gesagt habe.*[132]

Büchners Umgang beschränkte sich im wesentlichen auf *3 treffliche Freunde*[133], womit vermutlich die Medizinstudenten Hermann Trapp (1813–37) und Theodor Sartorius und der arbeitslose, exmatrikulierte Theologiekandidat August Becker gemeint waren. Trapp, Sohn eines Regierungsrats aus Gießen, war zwei Jahre lang mit Büchner in einer Klasse gewesen. Schon als Gymnasiast fiel er durch politische Exaltiertheit auf, als Student gehörte er zum radikalen Flügel der Burschenschaft, nahm auf eigene Faust am Hambacher Fest teil und arbeitete seither aktiv für die oberhessischen Republikaner. Er machte Büchner im Winter 1833/34 mit seinem Kommilitonen Sartorius aus Lauterbach, über den sonst wenig in Erfahrung zu bringen ist, und seinem Freund Becker bekannt.

Der Pfarrersohn August Becker, aus Hoch-Weisel bei Butzbach gebürtig und in Biedenkopf, im sogenannten Hinterland aufgewachsen, hatte sein Studium 1832 aus Geldmangel abbrechen müssen, ein Jahr lang als Hauslehrer im Vogelsberg gearbeitet und lebte seitdem im Haushalt seiner Mutter in Gießen. Hätte es ihm nicht an den notwendigen Mitteln gefehlt, wäre er 1833 nach Amerika ausgewandert. In Gießen galt Becker als «Faulenzer» und «Tagedieb»[134], als «verlottertes und verlumptes Genie»[135]. Gerade er aber wurde Büchners engster Freund und war «lange Zeit» sogar der «einzige Vertraute seiner teuersten Angelegenheiten»: der heimlichen Verlobung mit Wilhelmine Jaeglé. Im Gegenzug offenbarte ihm Becker bedrückende «Einzelheiten aus seinem Leben»[136].

August Becker (1812–1871).
Zeichnung, um 1835

Auch Becker hatte zur radikalen Burschenschaft gehört und wie Trapp bei der Verbreitung republikanischer Flugschriften geholfen. Aus einer früheren Schwärmerei für ein deutsches Kaiserreich war inzwischen eine tiefe Bewunderung für die Französische Revolution geworden, Robespierre und Saint-Just zählten zu seinen «Heiligen», denen er erst Jahre später, und «nicht ohne Schmerz und Scham», abschwor.[137] Mindestens seit 1832 war Becker häufig im politischen Auftrag Friedrich Ludwig Weidigs unterwegs, für dessen «unbedingten Schatten»[138] er galt. Becker war es auch, der Büchner, vermutlich im Januar 1834, bei Weidig einführte.

Büchner lernte einen Mann von 43 Jahren kennen, aus der Generation Börnes, Körners und Uhlands, der nun schon im 22. Jahr als Lehrer an der Butzbacher Lateinschule wirkte, seit 1826 als deren Rektor. Die Kleinstadt von knapp über 2000 Einwohnern an der Chaussee von Frankfurt nach Gießen wurde in dieser Zeit zum Zentrum der liberalen wie republikanischen Opposition in Oberhessen.

Weidig hatte 1808 bis 1811 in Gießen Theologie studiert und sich dort einer landsmannschaftlichen Verbindung angeschlossen, stand aber auch nach seiner Studienzeit mit dem Kreis um den Burschenschafter und Nationalrevolutionär Karl Follen (1796–1840) in Verbindung. Dessen Idealen, einem «Konglomerat von jakobinisch-kosmopolitischem, aufklärerisch-rationalistischem Ideengut einerseits und romantisch-irrationalem Mystizismus andererseits»[139], blieb Weidig stets verbunden. Er beteiligte sich auch an der Gründung mehrerer deutsch-patriotischer Gesellschaf-

Friedrich Ludwig Weidig
(1791–1837). Kreidelitho-
graphie, 1848/49

ten, deren Hauptaufgabe der Einsatz für die Herstellung des deutschen Einheitsstaates war. Seit den restaurativen Bundesbeschlüssen von Juni/ Juli 1832 war Weidig ein entschiedener Befürworter des gewaltsamen Umsturzes und nach Erkenntnissen des Hofgerichts in Darmstadt «die Seele der staatsgefährdenden Unternehmungen» und «Mittelpunkt alles revolutionären Treibens»[140] in Oberhessen, wenn nicht im gesamten Großherzogtum. Weidigs politisches Ziel bestand nach wie vor in der Beseitigung der feudalen Zersplitterung, wobei sich der «politische Integrationsriese»[141] aus taktischen Gründen weder auf die Republik noch auf die konstitutionelle Monarchie festlegen ließ, die er gleichwohl favorisiert zu haben scheint.

«Der Hessische Landbote»

Büchners Briefe aus der Zeit zwischen Mitte Januar und Mitte März 1834 spiegeln Anspannung und Aufgeregtheit. Soweit sie an die Straßburger Geliebte gerichtet waren, ging es darin vorwiegend um gemeinsame ‹Beziehungsnöte›, um *die Wollust des Schmerzes und des Sehnens*, um *Gram* und *das Gefühl* des *Verlassen-*, ja des *Gestorbenseins*. An wissenschaftliches *Arbeiten* war unter diesen Umständen nicht zu denken: *Meine geistigen Kräfte sind gänzlich zerrüttet.* Anfang März erkrankte Büchner sogar, ohne allerdings bettlägerig zu sein. Er war offensichtlich überarbeitet bis zur Erschöpfung. Ein Tag in der zweiten Märzwoche brachte ihm dann *den ersten hellen Augenblick seit acht Tagen*[142].

Wilhelmine Jaeglé konnte nicht ahnen, welch großes Arbeitspensum Büchner in diesen Wochen absolvierte. Durch August Becker hatte er Weidig kennengelernt, mit diesem die Anfertigung eines Flugschriften-manuskripts vereinbart und sich bei ihm, bei späterer Gelegenheit, eine Statistik des Großherzogtums besorgt, aus der er die notwendigen fiskalischen Angaben seiner Argumentation entnahm, um anschließend auf dieser Basis eine revolutionäre Flugschrift zur Agitation der hessischen Bauern und Handwerker zu entwerfen. Und er erweiterte seinen Freundeskreis um einige alte und mehrere neue Bekannte, darunter auch wegen des Wachensturms ehemals in Friedberg inhaftierte Gießener Studenten und Handwerker, denen er «seine politischen Ansichten» vorstellte, wie sie in seinem Flugschriftenentwurf niedergelegt waren, und die er aufforderte, sich selbst einmal «in ähnlichen Flugschriften» zu versuchen.

Wie schon zuvor August Becker «imponierte» Büchner auch ihnen «sowohl durch die Neuheit seiner Ideen als auch durch den Scharfsinn, mit welchem er sie vortrug»[143]. Die Vorstellungen, die er seinen Freunden unterbreitete, müssen also deutlich über das politische Ziel einer Republik hinausgegangen sein, in der Büchner gleichwohl «die einfachste und dem Naturgesetz angemessenste Staaten- und Regierungsform»[144] erkannte, die sich, wie Camille Desmoulins im Revolutionsdrama fordert, gleichsam wie *ein durchsichtiges Gewand… dicht an den Leib des Volkes schmiegt*[145]. Das war, wie Wilhelm Schulz bezeugt, «auch» Büchners «Meinung»[146]. Ludwig Büchner ergänzte bereits 1850: «Was seinen politischen Charakter anlangt, so war Büchner noch mehr Sozialist, als Republikaner»[147]: Sozialist im Sinne eines radikalen Egalitaristen, der auf Einführung eines *absoluten Rechtsgrundsatzes*[148] drängte und dabei bis zur «Gütergemeinschaft» (August Becker[149]) ging.

Mehrere Zeugnisse belegen eindeutig, daß Büchner alle politischen Anstrengungen nicht auf die Errigung bürgerlicher Freiheitsrechte beschränkt wissen wollte, sondern daß sie insgesamt der Beseitigung der «schneidenden Gegensätze des Reichtums und der Armut» als der «Quelle aller Übel» dienen müßten.[150] «Wenigstens sagte er oft», berichtete Becker, «der materielle Druck, unter welchem ein großer Teil Deutschlands liege, sei eben so traurig und schimpflich, als der geistige.»[151] Es war dies «unbegrenzte Mitleiden mit den niederen Volksklassen und ihrer Not», worauf Büchners «politische Gesinnungen… beruhten»[152]. «Die Basis seines politischen Denkens» war, wie Gerhard Jancke zutreffend resümiert, «eine naturrechtliche Egalität und eine menschliche Solidarität.»[153]

Der Weg zu Freiheit und Gleichheit führte über eine Revolution, sie sollte dem Volk seine Nutznießung sichern, die es bei Einführung der

Republik ‹von oben› nicht erwarten durfte. Eine derartige Umgestaltung konnte sich jedoch, wie Büchner gegenüber Becker erläuterte, nur auf Massenbasis vollziehen und war von langer Hand vorzubereiten. «Die Versuche, welche man bis jetzt gemacht» habe, «um die Verhältnisse Deutschlands umzustoßen», hätten «auf einer durchaus knabenhaften Berechnung» beruht, «indem man, wenn es wirklich zu einem Kampf... gekommen wäre, den deutschen Regierungen und ihren zahlreichen Armeen nichts hätte entgegenstellen können, als eine Handvoll undisziplinierte Liberale». Sollte «jemals die Revolution auf eine durchgreifende Art ausgeführt werden», könne und dürfe «das bloß durch die große Masse des Volkes geschehen, durch deren Überzahl und Gewicht die Soldaten gleichsam erdrückt werden» müßten. Es handle sich also zunächst «darum, diese große Masse zu gewinnen, was vor der Hand nur durch Flugschriften geschehen» könne.

Anders als die Frankfurter Wachenstürmer von 1833 ging Büchner nicht davon aus, daß alle objektiven Bedingungen der Revolution schon vorhanden waren und es nur noch eines Fanals bedürfe, um sie auszulösen. Die eigentliche Revolte stellte er sich als organisierte Unternehmung vor, die, vorbereitet durch Flugschriften, die «materiellen Interessen des Volks» mit den politischen Zielen der bürgerlichen Revolutionäre vereinigte. Zwar traf die Unterdrückung der Menschen- und Bürgerrechte sowohl die produzierende große Masse als auch die intellektuelle Elite, doch waren die ‹niederen Volksklassen› nicht ohne weiteres bereit, sich dagegen zur Wehr zu setzen. Ihnen mußte daher vor Augen geführt werden, daß die Unterdrücker der Bürgerrechte auch ihre Ausbeuter waren: «Die früheren Flugschriften, welche zu diesem Zweck etwa erschienen sind, entsprachen demselben nicht; es war darin die Rede vom Wiener Kongreß, Preßfreiheit, Bundestagsordonnanzen u. dgl., lauter Dinge, um welche sich die Bauern... nicht kümmern, so lange sie noch mit ihrer materiellen Not beschäftigt sind; denn diese Leute haben aus sehr naheliegenden Ursachen durchaus keinen Sinn für die Ehre und Freiheit ihrer Nation, keinen Begriff von den Rechten des Menschen u.s.w., sie sind gegen all das gleichgültig und in dieser Gleichgültigkeit allein beruht ihre angebliche Treue gegen die Fürsten und ihre Teilnahmslosigkeit an dem liberalen Treiben der Zeit; gleichwohl scheinen sie unzufrieden zu sein und sie haben Ursache dazu, weil man den dürftigen Gewinn, welchen sie aus ihrer sauren Arbeit ziehen, und der ihnen zur Verbesserung ihrer Lage so notwendig wäre, als Steuer von ihnen in Anspruch nimmt. So ist es gekommen, daß man bei aller parteiischen Vorliebe für sie doch sagen muß, daß sie eine ziemlich niederträchtige Gesinnung angenommen haben; und daß sie, es ist traurig genug, fast an keiner Seite mehr zugänglich sind, als gerade am Geldsack. Dies muß man benutzen, wenn man sie aus ihrer Erniedrigung hervorziehen will; man muß ihnen zeigen und vorrechnen, daß sie einem Staate angehören, dessen Lasten sie größtenteils tragen müssen,

Wirtshausszene in Oberhessen. Zeichnung von Rudolf Hofmann, 1837

während andere den Vorteil davon beziehen; – daß man von ihrem Grundeigentum, das ihnen ohnedem so sauer wird, noch den größten Teil der Steuern erhebt, – während die Kapitalisten leer ausgehen; daß die Gesetze, welche über ihr Leben und Eigentum verfügen, in den Händen des Adels, der Reichen und der Staatsdiener sich befinden u.s.w.»[154]

Da der einzige reale Ansatzpunkt für die revolutionäre Agitation des Volkes dessen «materielles Elend» war, mußten die Flugschriften ohne Umschweife in der Argumentation direkt zur Sache kommen und den Ausbeutungscharakter des Staats aufzeigen. In der Polarisierung zwischen Arm und Reich, Bauern und Kapitalisten, Lastträgern und Nutznießern ließ sich das auf anschaulich-eindringliche Weise darstellen. Stil und Metaphorik der Flugschriften sollten sich, so Büchner, am christlichen Mythos orientieren und «ihre Überzeugungsgründe aus der Religion des Volkes hernehmen», denn sie sei «der Fels, auf dem man Blutgerüste für die Tyrannen und Altäre für die Freiheit bauen» müsse.[155] In den «einfachen Bildern und Wendungen des neuen Testaments» sollten «die heiligen Rechte der Menschen» erklärt werden.[156]

Einerseits war das sicherlich eine taktische Maßnahme. Büchner wußte von der außerordentlichen Triebkraft religiöser Ideen; indem er sich biblischer Sprachelemente und Anspielungen bediente, vermied er Fehler, wie sie etwa die Hébertisten, radikale Jakobiner von 1793/94, begangen hatten, die mit ihrer dogmatisch-atheistischen Propaganda die bäuerlichen Massen in der Provinz verschreckten und sie ungewollt der Revolution entfremdeten. Andererseits bekräftigte Büchner damit aber nur seine eigenen Überzeugungen, wie sie sich in allen seinen Schriften, von den Schulaufsätzen bis zu *Woyzeck*, aber auch in den überlieferten Gesprächen und Diskussionen manifestieren. Wilhelm Schulz hat 1851 erklärt, wie sich bei Büchner Respekt gegenüber dem «religiösen Gefühl» als einer Sehnsucht nach dem «Ideal» (so Alexis Mustons Bericht für 1833[157]) und die gleichzeitige Skepsis gegenüber dessen traditionellen Ausformungen verbinden konnten: «Jede Zeile seiner Schriften gibt davon Zeugnis, daß er in seinen religiösen Ansichten und in denen über Religion freier war, als irgend einer. Aber seine durch und durch skeptische Natur ließ ihn auch seinen Zweifel bezweifeln und bewahrte ihn vor jenem Hochmute, der sich mit dem Dünkel der Untrüglichkeit als Dogmatiker der Verneinung dem der Bejahung entgegenstellt. Sein poetischer Sinn, sein genialer Tiefblick ließen ihn unter der Hülle der religiösen Vorstellungen, die ja auch eine Art Volkspoesie sind, die ewigen Wahrheiten erkennen, welche die Menschheit bewegen.»[158]

Mit alldem sprach Büchner Erkenntnisse und Erfahrungen aus, die schon seit längerem in das Bewußtsein der politischen Öffentlichkeit gedrungen waren. Fast alle Themen von Büchners Flugschrift waren vorgegeben, und auch die Flugschriftenagitation selbst war seit den Bauernkriegen ein probates Mittel, um «das Volk … zu bearbeiten und für eine Umwälzung geneigt zu machen»[159], wie es in der Behördensprache heißt. Es war deshalb nicht so sehr die Neuheit und Originalität einzelner Elemente, auf der Büchners Innovation beruhte, sondern deren kühne und noch nie dagewesene Synthese, mit der Büchner – auch hierin über die meisten seiner Vorgänger hinausgehend – den Systemcharakter der Mißstände verdeutlichte.

Diente all dies zur Information, Stimulation und langfristig auch zur Mobilisierung der Volksmassen, dachte Büchner nicht im entferntesten daran, mit seiner Flugschrift eine Erhebung auszulösen. Weil er sich zudem über die Akzeptanz seiner Ideen in den Reihen der radikalen Opposition unsicher war, formulierte er gegenüber August Becker den «Zweck» der von ihm geplanten Flugschrift dahingehend, «nur die Stimmung des Volks und der deutschen Revolutionärs erforschen», das heißt als ihm nicht oder ungenügend bekannt eingehend untersuchen zu wollen, um sich durch eigene Erfahrung davon zu überzeugen, «inwieweit das deutsche Volk geneigt sei, an einer Revolution Anteil zu nehmen»[160]. Den Doppelcharakter von Büchners Flugschrift hat Thomas Michael Mayer, offenbar in Adaption einer entsprechenden Strategie aus der chinesischen Revolution, auf den Nenner der «eingreifenden Untersuchung»[161] gebracht.

Büchners Flugschriftenagitation zielte insbesondere auf die grundbesitzenden, steuerzahlenden Bauern. Aber auch wenn er sich nicht direkt an das eigentumslose Agrarproletariat und die sozial Deklassierten im Handwerk und in den Gewerben wandte, war diese Bevölkerungsgruppe mit einbezogen (die Handwerker sogar ausdrücklich): die Rechnung mit 700000 Produzenten auf der einen, 10000 Privilegierten und Profiteuren auf der anderen Seite wäre sonst nicht nachzuvollziehen. Wenn er sie nicht direkt ansprach, dann vermutlich, weil er nicht hoffen konnte, sie zu mobilisieren. Nicht einmal unter den Kleineigentümern hatte ja die Gleichheit der Lebensbedingungen und Arbeitsverhältnisse Gemeinsamkeiten erzeugt, geschweige denn eine politische Organisation geschaffen. Was stand da von einem vorindustriellen Proletariat zu erwarten, einem Proletariat ohne Klassenbewußtsein, einer ausgebeuteten, ihr Leben kümmerlich fristenden, mehr leidenden als aufbegehrenden Masse? Dennoch galt gerade ihnen, ihrem *von materiellen Bedürfnissen gequälten Sein*, ihren *dumpfen Leiden*[162], wie es im *Lenz* über die Bauern des Steintals heißt, seine Aufmerksamkeit wie Anteilnahme.

Analog zu seinem Programm, man müsse den Steuerzahlern vor Augen führen, daß und auf welche Weise sie vom Feudalstaat und seinen Institutionen *zu Ackergäulen und Pflugstieren* erniedrigt würden, argumentierte Büchner in seinem Flugschriftenentwurf entlang des großherzoglichen Finanzetats, wie er in Georg Wilhelm Justin Wagners «Statistisch-topographisch-historischer Beschreibung des Großherzogtums Hessen» (Darmstadt 1831, Bd. 4) für die «Finanzperiode von 1830/32» veranschlagt worden war[163], zitierte und kommentierte die «Staats-Einnahmen» als *den Blutzehnten, der von dem Leib des Volkes genommen wird*, und ging die «Staats-Ausgaben» an einigen ausgewählten Einzelposten durch, von denen der Steuerzahler am stärksten betroffen oder über die er am heftigsten erbittert war. Entsprechend selektiv verfuhr er auch mit den vorgefundenen Zahlenangaben, die er teils übernahm, teils neu errechnete. Die gesamte geschätzte «Staats-Einnahme» belief sich auf über 6 Millionen Gulden. Über 700000 Menschen, so Büchner, *schwitzen, stöhnen und hungern dafür*[164]. Mit der bildhaften Sprache der Bibel gelang Büchner, wie Jancke sagt, die Entschleierung der Entfremdung und die Wiedersichtbarmachung der Arbeit.[165] Vor allem aber sollten die Produzenten *sehen, was die Ernte* ihres *Schweißes* sei.

Für das Ministerium des Innern und der Gerechtigkeitspflege würden über eine Million Gulden bereitgestellt. Das Ergebnis sei ein *Wust von Gesetzen, zusammengehäuft aus willkürlichen Verordnungen aller Jahrhunderte... Der Unsinn aller vorigen Geschlechter* habe *sich darin... vererbt, der Druck, unter dem sie erlagen... fortgewälzt. Das Gesetz* sei *das Eigentum einer unbedeutenden Klasse von* [*Reichen*] *und Gelehrten, die sich durch ihr eignes Machwerk die Herrschaft* zuspreche, die *Gerechtigkeit... nur ein Mittel*, das Volk *in Ordnung zu halten, damit man* es *beque-*

mer schinde. Aus dem Etat des Finanzministeriums würden *die Finanzräte, Obereinnehmer, Steuerboten, die Untererheber besoldet, der Ertrag* der *Äcker berechnet und* die *Köpfe gezählt.* Die *Steuern,* die der Großherzog *ausschreibe,* gäben ihm *Gewalt* über das *Eigentum,* die *Gesetze,* die er *mache,* Gewalt über das *Leben.*[166] Die Kosten *für die Landstände,* denen im übrigen, ebenso wie der «liberalen Partei»[167] insgesamt, eine heftige Attacke galt, bezeichnete Büchner als überflüssige Aufwendungen, denn die *Verfassungen in Deutschland* seien *leeres Stroh, woraus die Fürsten die Körner für sich herausgeklopft* hätten, *die Wahlgesetze… Verletzungen der Bürger- und Menschenrechte der meisten Deutschen.*[168]

Es ist umstritten, ob Büchners nicht erhaltenes Manuskript über das hier Zusammengefaßte wesentlich hinausging. Als sicher kann gelten, daß der «Kampf der Armen gegen die Reichen»[169] den Grundton seines Entwurfs abgab. Terence M. Holmes, der sich dabei auf die Aussage Beckers (s. S. 53) stützen kann, vermutet darüber hinaus, daß Büchner «in seiner Flugschrift den Begriff des ‹Kapitalisten› auseinandersetzte» und «dort versucht hat, die besondere Exploitationsweise des Kapitalismus… zu veranschaulichen»[170], das Wirken von «Reichen» und «Kapitalisten», wie dies gleichzeitig eine Flugschrift des republikanischen ‹Deutschen Volksvereins› in Paris unternahm.[171] Gleichzeitig spricht vieles dafür, daß sich Büchner in seinem Entwurf auf Analyse und Kritik des Systems beschränkte. Selbst die (von der Forschung meist ihm zugeschriebenen) Zitate «prophetischer Bibelstellen» dienten «der Kritik der bestehenden Verhältnisse»[172]. Weidig war es, der seine politische Zielvorstellung daran knüpfte, seine Heilslehre, die ihren Inhalt aus der zum *Paradies*[173] verklärten Vergangenheit bezog.

Da Büchners Handschrift «durchaus unleserlich» war, schrieb Becker das Manuskript der Flugschrift «ins Reine»[174]. Zusammen mit dem Studenten Gustav Clemm brachte er das Manuskript nach Butzbach zu Weidig. Büchner war inzwischen ohne Wissen seiner Eltern nach Straßburg gereist. Er mußte davon ausgehen, daß Weidig unterdessen die Flugschrift «durch seine Vermittlung drucken… lassen» würde. Das war jedoch nicht der Fall. Über die Situation bei der Ablieferung des Manuskripts an Weidig berichtete Becker: «Als er es gelesen hatte, erklärte er, daß die konstitutionellen Revolutionärs sich von uns trennen würden, wenn sie die heftigen Invektiven gegen die Reichen läsen, und daß daher diese, sowie auch die Ausfälle gegen die landständische Opposition ausgelassen und durch Anderes ersetzt werden müßten»[175]. «Indessen konnte Weidig der Flugschrift einen gewissen Grad von Beifall nicht versagen und meinte, sie müsse vortreffliche Dienste tun, wenn sie verändert werde.» Diese Aufgabe übernahm er, ohne Rücksprache mit Büchner zu halten, selbst.

Weidigs Eingriffe bestanden in Hinzufügungen, Streichungen und Einzelkorrekturen. Er «verfaßte» den «Vorbericht», setzte «den Schluß» hinzu[176] und «fügte meist die Bibelstellen bei», modifizierte einzelne Äußerungen und Sätze. Den Gegensatz Arm/Reich verwandelte er in einen Widerstreit zwischen Volk und Feudaladel, indem er «für jene Worte andere wählte und namentlich statt der Reichen die ‹Vornehmen› als den Armen und dem Volke gegenüberstehend bezeichnete». Generell «mißfiel» Weidig, daß in Büchners Entwurf «eine gewisse Art von Liberalismus… gegeißelt worden war…, indem er bemerkte: man müsse auch den kleinsten revolutionären Funken sammeln, wenn es dereinst brennen solle»[177]. Seine «politische Strategie zielte auf eine große Koalition gegen die fürstlichen Machthaber»[178].

Weidigs Bearbeitung wurde von Büchner nicht gebilligt. Im Gegenteil war er, wie Becker berichtete, «über die Veränderungen … außerordentlich aufgebracht», wollte das Manuskript nicht mehr als das «seinige anerkennen und sagte, daß er ihm gerade das, worauf er das meiste Gewicht gelegt habe und wodurch alles andere gleichsam legitimiert werde, durchgestrichen habe»[179]. Ja, er «grollte» regelrecht «eine Zeitlang mit Weidig»[180], ohne ihm deswegen «die Solidarität weiterer Mithilfe bei Druck und Verbreitung» der Flugschrift zu verweigern.[181] Am 5. Juli 1834 machte er sich gemeinsam mit dem Studenten Jakob Friedrich Schütz von Gießen aus auf den Weg nach Butzbach, um das von Weidig bearbeitete und von diesem *Der Hessische Landbote* betitelte Manuskript dort abzuholen und es zur Druckerei von Karl Preller nach Offenbach zu tragen. Die beiden Studenten versahen sich mit Botanisiertrommeln, die nicht nur das zusammengerollte Manuskript aufnehmen, sondern zugleich die konspirative Reise als naturkundliche Exkursion tarnen sollten. Etwa drei Wochen später hatte Preller den Druck des *Hessischen Landboten* in einer Auflage von «etwa 1200 bis 1500» Exemplaren[182] fertiggestellt.

Der Hessische Landbote.

Erste Botschaft.

Darmstadt, im Juli 1834.

Vorbericht.

Dieses Blatt soll dem hessischen Lande die Wahrheit melden, aber wer die Wahrheit sagt, wird gehenkt, ja sogar der, welcher die Wahrheit liest, wird durch meineidige Richter vielleicht gestraft. Darum haben die, welchen dies Blatt zukommt, folgendes zu beobachten:

1) Sie müssen das Blatt sorgfältig außerhalb ihres Hauses vorder Polizei verwahren;
2) sie dürfen es nur an treue Freunde mittheilen;
3) denen, welchen sie nicht trauen, wie sich selbst, dürfen sie es nur heimlich hinlegen;
4) würde das Blatt dennoch bei Einem gefunden, der es gelesen hat, so muß er gestehen, daß er es eben dem Kreisrath habe bringen wollen;
5) wer das Blatt nicht gelesen hat, wenn man es bei ihm findet, der ist natürlich ohne Schuld.

Friede den Hütten! Krieg den Pallästen!

Im Jahr 1834 siehet es aus, als würde die Bibel Lügen gestraft. Es sieht aus, als hätte Gott die Bauern und Handwerker am 5ten Tage, und die Fürsten und Vornehmen am 6ten gemacht, und als hätte der Herr zu diesen gesagt: Herrschet über alles Gethier, das auf Erden kriecht, und hätte die Bauern und Bürger zum Gewürm gezählt. Das Leben der Vornehmen ist ein langer Sonntag, sie wohnen in schönen Häusern, sie tragen zierliche Kleider, sie haben feiste Gesichter und reden eine eigne Sprache; das Volk aber liegt vor ihnen wie Dünger auf dem Acker. Der Bauer geht hinter dem Pflug, der Vornehme aber geht hinter ihm und dem Pflug und treibt ihn mit nur den Ochsen am Pflug, er nimmt das Korn und läßt ihm die Stoppeln. Das Leben des Bauern ist ein langer Werktag; Fremde verzehren seine Äcker vor seinen Augen, sein Leib ist eine Schwiele, sein Schweiß ist das Salz auf dem Tische des Vornehmen.

Im Großherzogthum Hessen sind 718,373 Einwohner, die geben an den Staat jährlich an 6,363,364 Gulden, als

1) Directe Steuern	2,128,131 fl.
2) Indirecte Steuern	2,478,264 „
3) Domänen	1,517,394 „
4) Regalien	46,938 „
5) Geldstrafen	98,511 „
6) Verschiedene Quellen	64,198 „
	6,363,363 fl.

Dies Geld ist der Blutzehnte, der von dem Leib des Volkes genommen wird. An 700,000 Menschen schwitzen, stöhnen und hungern dafür. Im Namen des Staates wird es erpreßt, die Presser berufen sich auf die Regierung und die Regierung sagt, das sey nöthig die Ordnung im Staat zu erhalten. Was ist denn nun das für gewaltiges Ding: der Staat? Wohnt eine Anzahl Menschen in einem Land und sind Verordnungen oder Gesetze vorhanden, nach denen jeder sich richten muß, so sagt man, sie bilden einen Staat. Der Staat also sind Alle; die Ordner im Staate sind die Gesetze, durch welche das Wohl Aller gesichert wird, und die aus dem Wohl Aller hervorgehen sollen. — Seht nun, was man in dem Großherzogthum aus dem Staat gemacht hat; seht was es heißt: die Ordnung im Staate erhalten!

‹Gesellschaft der Menschenrechte›

Nachdem die meisten Friedberger Gefangenen zwischen Anfang März und Ende April 1834 auf freien Fuß gesetzt wurden, gelang es Büchner zusammen mit August Becker, die Entschlossensten von ihnen in einem zunächst losen Zirkel zu vereinen, der ‹Urzelle› der Gießener ‹Gesellschaft der Menschenrechte›, deren eigentliche Konstituierung, mit der sich dann wohl auch die Namensgebung verband, jedoch erst zu Beginn des Sommersemesters erfolgte. Denn die Semesterferien von Ende März bis Ende April verbrachte Büchner in Straßburg und Darmstadt.

Mit der heimlichen Straßburg-Reise nahm Büchner ein weiteres Problem in Angriff, das ihn – und die Verlobte nicht minder – seit längerem stark belastete. Von Straßburg aus offenbarte er seinen Eltern «das bisher verheimlichte Verhältnis»[183] und gab eine psychologische Begründung für sein plötzliches Verschwinden: *Ich war im Äußeren ruhig, doch war ich in tiefe Schwermut verfallen; dabei engten mich die politischen Verhältnisse ein, ich schämte mich, ein Knecht mit Knechten zu sein, einem vermoderten Fürstengeschlecht und einem kriechenden Staatsdiener-Aristokratismus zu Gefallen. Ich komme nach Gießen in die niedrigsten Verhältnisse, Kummer und Widerwillen machen mich krank.*[184]

Dr. Büchner reagierte mit einem «in der äußersten Erbitterung gegen den Sohn»[185] geschriebenen Brief an den Verwandten Reuss, wohl um diesen zur Intervention zu bewegen. In seinem Erzählfragment scheint Büchner im frei erfundenen Dialog zwischen Kaufmann und Lenz die entsprechende Unterredung mit Édouard Reuss wiederholt zu haben: *Nach dem Essen nahm ihn Kaufmann bei Seite. Er hatte Briefe von Lenzens Vater erhalten, sein Sohn sollte zurück, ihn unterstützen. Kaufmann sagte ihm, wie er sein Leben hier verschleudre, unnütz verliere, er solle sich ein Ziel stecken und dergleichen mehr. Lenz fuhr ihn an: Hier weg, weg! nach Haus? Toll werden dort? ... Es ist mir jetzt erträglich, und da will ich bleiben; warum? warum? Eben weil es mir wohl ist; was will mein Vater?*[186] Zweck der beiden brieflichen Berichte, die Reuss daraufhin an Büchners Vater adressierte, war, die Vorurteile gegen die Verlobung auszuräumen und den Zorn des Vaters zu mildern. Doch erst «die Bekanntschaft des jungen Mädchens, welches» im Herbst 1834 «nach Darmstadt geführt wurde», wendete alles «zur Freude und Versöhnung»[187].

Noch deutlicher als in den Jahren zuvor ließ der etwa sechzehntägige Osterbesuch Büchner die Krise der Juli-Monarchie erleben. Zwar kam es in Straßburg nicht, wie in Lyon und Paris, zu bewaffneten Aufständen, aber die republikanische Agitation erreichte auch hier wie überall in diesem Frühjahr in Frankreich einen Höhepunkt. Büchners Ankunft fiel zeitlich zusammen mit der Nachricht von der Verabschiedung des Vereinsgesetzes, das quasi ein Totalverbot für Vereine und Versammlungen bedeutete. In Straßburg reagierten die Republikaner mit einem Zusammenschluß ihrer sämtlichen Organisationen unter Führung der ‹Gesellschaft der Menschen- und Bürgerrechte›, die anschließend öffentlich den bewaffneten Widerstand ankündigte. Daß es dann doch nicht zum Aufstand kam, hatte verschiedene Ursachen: die Niederlage der Republikaner in Lyon und Paris, Uneinigkeit im Zentralkomitee der ‹Gesellschaft› und die vorherige Entwaffnung der Nationalgarde, die bis dahin das militärische Rückgrat der Straßburger Linksopposition bildete.

Ob und in welchem Umfang Büchner die Kreise der Elsässer Republikaner oder auch der erneut angewachsenen deutschen Flüchtlingskolonie frequentierte, ist ebensowenig belegt wie der Umgang mit seinen Freunden Boeckel und Baum. Zu einer Begegnung mit den Brüdern Stoeber kam es vermutlich nicht, da es Adolph mittlerweile aus beruflichen Gründen nach Metz und August nach Oberbronn verschlagen hatte. Höchstwahrscheinlich informierte sich Büchner über einige eben erst erschienene und in Straßburg in hoher Zahl verbreitete Veröffentlichungen des ‹Deutschen Volksvereins›, einer radikalrepublikanischen Verbindung emigrierter deutscher Handwerker und Intellektueller in Paris: die «Erklärung der Menschen- und Bürgerrechte» (eine neobabouvistische Version von Robespierres Verfassungsentwurf), das «Glaubensbekenntnis eines Geächteten» und den «Aufruf eines Geächteten an die deutschen Volksfreunde»[188], die ihrerseits von den französischen Republikanern um Buonarroti beeinflußt waren.

Büchners Abreise erfolgte mitten in die blutige Niederschlagung des Pariser Aufstandsversuchs hinein. Am 11. April hatte er noch mit seinem aus Paris gekommenen Freund Muston bei einem heftigen Gewitter den Turm des Münsters bestiegen. Tags darauf dürfte er die Rückreise angetreten haben, um in Darmstadt den Rest der Osterferien zu verbringen, die an der ‹Ludoviciana› mit dem 27. April endeten. «Diese Ferienzeit benutzte er, um in Darmstadt» eine Sektion «der ‹Gesellschaft der Menschenrechte› zu gründen»[189], der neben seinen langjährigen Klassenkameraden Hermann Wiener (1813–97) und Jakob Koch (1815–52) noch mindestens ein weiterer Student sowie drei Darmstädter Handwerker angehörten. Die Sektion dürfte jedoch erst im Herbst, nach Rückkehr ihrer studentischen Mitglieder aus Gießen, zu regelmäßigen Sitzungen zusammengekommen sein.

Mit dem Namen orientierte sich Büchner – zumindest formal – an dem französischen Vorbild, allerdings mit der spezifisch egalitären Ineinssetzung von Menschen- und Bürgerrechten. Das konspirative Organisationsmodell hatte schon die ‹Union›, eine entsprechende deutsche Republikanerverbindung mit engen Beziehungen nach Frankreich, adaptiert. Nach wie vor ungeklärt ist, ob Büchner auch Programmpunkte der Straßburger Republikaner übernahm. Die radikalste Fraktion innerhalb der dortigen ‹Gesellschaft der Menschen- und Bürgerrechte› plädierte im

Frühjahr 1834 angeblich für die Wiedereinführung der Verfassung von 1793 in Verbindung mit dem kommunistischen ‹Agrargesetz›[190].

Obgleich sich alle bekannten Dokumente über die Tätigkeit, das Programm und die Struktur der Darmstädter ‹Gesellschaft› auf den Herbst 1834 beziehen, kann die Verbindlichkeit von Reglement und Programm wohl schon für das Frühjahr geltend gemacht werden. Wichtigste Quelle hierfür sind die Aussagen, die das Mitglied Adam Koch (1817–43) später vor dem Darmstädter Untersuchungsrichter machte. Er wurde «im Monat September 1834 durch Büchner in die Gesellschaft aufgenommen», die damals sieben Mitglieder zählte. Seine Aufnahme erfolgte «ohne weitere Förmlichkeiten», indem ihm Büchner eine «Erklärung der Menschenrechte» vorlas. Während weiterer «etwa vier oder fünf Versammlungen» wurden «bis Oktober 1834» noch zwei weitere Mitglieder «durch Büchner der Verbindung zugeführt». Danach gerieten die Versammlungen in's Stocken», weshalb sich die Aufnahme eines weiteren Kandidaten, den Büchner «vorgeschlagen hatte», bis in den Sommer 1835 verschob.[191] Wie Karl Emil Franzos in Erfahrung gebracht haben wollte, wurde «in einem verfallenen Kornspeicher... das Säbel- und Bajonettfechten geübt und mit der Pistole nach der Scheibe geschossen»[192], außerdem hatten die Sektionäre «bedeutende Schießvorräte verborgen»[193]. Diesen militanten Einschlag führt Mayer auf die Handwerker zurück, die «sehr wahrscheinlich... Mitglieder eines der Frankfurter ‹Union› assoziierten bewaffneten Zirkels» gewesen seien.[194]

Das Programm der ‹Gesellschaft› war in einem «von Büchner selbst verfaßten Aufsatz» dokumentiert, «in welchem derselbe seine Grundsätze niedergelegt hatte», und deckte sich vermutlich mit dem, was Adam Koch als Büchners Ansichten resümierte: «Er betrachtete eine republikanische Verfassung als die einzige, der Würde des Menschen angemessene», «die Herstellung einer Republik» sei daher das Fernziel der Verbindung gewesen. «Als Mittel zur Erreichung dieses Zwecks bezeichnete er die Verbreitung von in diesem Sinne verfaßten Flugschriften und die durch diese zu erreichende Einwirkung auf die niederen Volksklassen, indem er der Ansicht war, das materielle Elend des Volks sei es, wo man den revolutionären Hebel der geheimen Presse ansetzen müsse.»[195] Eine Spur dieser Theorie findet sich in *Danton's Tod*, wo der weitsichtige Lacroix erklärt: *Das Volk ist materiell elend, das ist ein furchtbarer Hebel.*[196]

Vom gleichen grundsätzlichen Charakter (und damit ebenfalls zur ideologischen Schulung geeignet) waren jene ‹Statuten›, auf die zweifellos alle Mitglieder der ‹Gesellschaft› verpflichtet wurden. Adam Koch zufolge handelte es sich um eine «Erklärung der Menschenrechte», «wie sie sich in geschichtlichen Werken über die Französische Revolution vorfindet», ihre «Tendenz» sei «auf Herbeiführung einer völligen Gleichstellung aller gerichtet gewesen»[197]. Auch dieser Gedanke scheint im Revolutionsdrama konserviert, am deutlichsten formuliert von St. Just in seiner Rede vor dem Nationalkonvent: *Da alle unter gleichen Verhältnissen geschaffen werden, so sind alle gleich, die Unterschiede abgerechnet, welche die Natur selbst gemacht hat. Es darf daher jeder Vorzüge und darf daher keiner Vorrechte haben, weder ein einzelner, noch eine geringere oder größere Klasse von Individuen.*[198]

Nach Büchners Rückkehr an die ‹Ludoviciana› Ende April konstituierte sich auf der Basis des bestehenden losen Zirkels auch in Gießen eine Sektion der ‹Gesellschaft der Menschenrechte›, deren «Anfangs- und Endzeit… sich nicht genau bestimmen» läßt.[199] Mitglieder waren neben Büchner und August Becker die Studenten Gustav Clemm, Hermann Trapp, Karl Minnigerode, Ludwig Becker, Jakob Friedrich Schütz und die Handwerker Georg Melchior Faber und David Schneider. Letztere gehörten zu den Gießener Bürgern und Bürgersöhnen, die sich schon 1832 mit den Studenten verbrüdert hatten, und ebenso wie den Handwerkern in der Darmstädter Sektion sagte man auch ihnen nach, daß sie im Besitz von Waffen und Munition seien.

Über die Organisation der Gießener ‹Gesellschaft› ist wenig bekannt. Es gibt auch keine Anhaltspunkte, daß sie exakt so eingerichtet war wie ihr Darmstädter Pendant; die Namensgleichheit allein ist kein ausreichendes Indiz. Wie bereits Mayer feststellte, lieferte für das Reglement vermutlich die Frankfurter ‹Union› das Vorbild[200], zu der durch Schütz' Bruder Andreas «direkte Kontakte» bestanden und über die man «insbesondere durch Clemm… detailliert» unterrichtet war.[201] Auch das Mitglied der Wiesbadener ‹Union›, der ehemalige preußische Unteroffizier Karl Bruhn, war mit Büchner und anderen Gießener Studenten persönlich bekannt.[202] Die Leitung teilten sich Schütz und Ludwig Becker, sie dürften das Programm bestimmt haben. Offenbar konnte sich Büchner mit dem aus Darmstadt überlieferten Modell nicht durchsetzen. Schütz war es auch, der sich zeitweilig «mit dem Entwurfe einer Konstitution» für die ‹Gesellschaft› beschäftigte.[203]

Die gegen den energischen Widerstand Büchners und Beckers erfolgte Gründung zweier Konkurrenzorganisationen, der ‹Burschenschaftlichen Vereinigung› in der Tradition der ‹Palatia› durch Schütz sowie eines Handwerkervereins durch den angehenden Arzt Wilhelm Weyprecht (1809–35), machte im Juli den Zusammenkünften der Gießener Sektion ein Ende: Ludwig Becker und Minnigerode traten zu Schütz' Verbindung über, Schneider und Faber schlossen sich Weyprecht an. Damit war die Gießener ‹Gesellschaft› nach nur achtwöchigem Bestehen ab Juli 1834 nahezu wieder auf ihren ursprünglichen Kern reduziert: Büchner, August Becker, Trapp (der wenig später in die Schweiz floh); hinzugekommen und geblieben war lediglich Clemm.

Als sicher kann gelten, daß die Organisationen von Schütz und Weyprecht, die beide in einem «Verhältnis unbedingter Ergebenheit…

zu Weidig» standen[204], mit dessen Billigung zustande kamen. Der Butzbacher Rektor muß sich auch bewußt gewesen sein, daß er damit die Arbeit der die Handwerker und Studenten vereinigenden ‹Gesellschaft der Menschenrechte› untergrub. Durch Becker ist belegt, daß Weidig von konspirativen Gesellschaften nicht viel hielt und statt dessen auf lose Bündnisse setzte. Büchners Vorstellungen der Organisationsstruktur geheimer Verbindungen, die zumindest mittelbar auf Buonarrotis Modell zurückgingen, waren in Deutschland zu dieser Zeit kaum verbreitet und noch weniger populär. Im «Aufruf eines Geächteten an die deutschen Volksfreunde», der Anfang 1834 in Paris erschien, wurden sie gegen die bestehenden Bedenken verteidigt und den deutschen «Patrioten» nachdrücklich anempfohlen: «Wir Deutsche wollen eine ‹geheime› Verbindung nur, ‹weil wir nicht öffentlich uns versammeln dürfen; weil wir die Angelegenheiten Deutschlands nicht öffentlich besprechen, weil wir nicht öffentlich drucken lassen dürfen›; weil wir vereinzelt stehen, und unsere Feinde unser gemeinsames Handeln bei unserer Getrenntheit verhindern können.»[205]

Zwischen der ‹Gesellschaft der Menschenrechte› (bzw. später Büchner, Becker und Clemm) auf der einen, Weidig auf der anderen Seite, gab es, obgleich man einander durch den gemeinsamen revolutionären Zweck verbunden blieb, seit langem erhebliche Differenzen. Einige davon sollten auf einer Zusammenkunft von republikanischen Delegierten aus Hessen verhandelt werden, die Weidig für den 3. Juli auf die zwischen Gießen und Marburg gelegene Ruine Badenburg einberief. Bereits vor Pfingsten (18./19. Mai) hatte er sich mit drei führenden Gießener Oppositionellen auf den Plan eines ‹Preßvereins› geeinigt, «dessen Zweck» es sein sollte, «die Patrioten Kurhessens, Hessen-Darmstadts und einiger angrenzender Ländchen in bleibender Verbindung zu erhalten und zugleich das Volk, das wie man sehe, noch zu wenig unterrichtet sei, über das, was not tue, gründlich zu belehren»[206]. Dieses Vorhaben wurde anschließend dem liberalen Marburger Juraprofessor Sylvester Jordan unterbreitet, der seine Unterstützung zusicherte und zwei Vertraute zu einem Treffen mit den Gießenern veranlaßte. Auf mehreren konspirativen Reisen im Sommer 1834 besprach Weidig daraufhin mit Vertretern der Opposition in Südwestdeutschland Einzelheiten dieses Plans. Das Ergebnis seiner Gespräche stellte er am 3. Juli 1834 bei dem Treffen auf der Badenburg vor.

Teilnehmer der Gründungsversammlung des dort konstituierten ‹Preßvereins› für die «Volksgesinnten beider Hessen»[207] waren neben Weidig die Studenten Büchner und Clemm, die Hofgerichtsadvokaten Wilhelm Briel und Benedikt Rosenberg und der Verlagsbuchhändler Peter Joseph Ricker, alle drei aus Gießen, sowie der Arzt Leopold Eichelberg, Universitätsdozent Friedrich Ferdinand Heß, Jurastudent Eberhard von Breidenbach und Hutmacher Georg Kolbe als kurhessische

Die Ruine Badenburg. Stahlstich, 1841

Delegierte. Beschlossen wurde der Druck von zweierlei Sorten Schriften, einer Zeitschrift für die bürgerlichen Oppositionellen und einer Serie populärer Flugschriften. Die Kosten sollten durch Geldbeiträge der «Älteren» bestritten werden, während die «Jüngeren» aufgerufen waren, die Verbreitung zu übernehmen.[208] Gebilligt wurde ferner der Vorschlag, eine Druckpresse zu kaufen und an einem abgelegenen und sicheren Ort aufzustellen.

Vergeblich schlug Büchner, dem es auf ein *übereinstimmendes Handeln*[209] ankam, vor, «Gesellschaften» zu errichten. Die Mehrheit der Badenburger war der Ansicht, für den ‹Preßverein› genüge «das Band der gleichen Gesinnung und Bestrebung»[210]. «Jeder einzelne» solle einen «Kreis» um sich sammeln, «um auf diesen zu wirken»[211]. Zur Diskussion stand ferner, «in welchem Geist die Flugschriften» für das Volk «abgefaßt werden müßten»[212]. Büchner und Weidig als «Hauptsprecher»[213] wiederholten dabei ihren Disput um den *Hessischen Landboten*, dessen Druck und Verbreitung insbesondere besprochen wurde. Am Ende konnte Weidig für sich verbuchen, daß die Tendenz seiner Bearbeitung von Büchners Flugschriftenentwurf von den Marburgern unterstützt wurde.

Die Badenburger Versammlung endete für Büchner also mit einer Enttäuschung. An Stelle potentieller Verbündeter, die ihm in der Auseinandersetzung mit Weidig den Rücken hätten stärken können, fand er auch in den kurhessischen Delegierten mehrheitlich «Leute … welche sich», wie er Becker resignierend-ironisch berichtete, «durch die Französische

Revolution, wie Kinder durch ein Ammenmärchen, hätten erschrecken lassen» und die nun «in jedem Dorf ein Paris mit einer Guillotine zu sehen fürchteten usw.»[214]. Und an diese Debatte auf der Badenburg dürfte er vor allem gedacht haben, als er später gegenüber Gutzkow erklärte: *Ich habe mich überzeugt, die gebildete und wohlhabende Minorität, so viel Konzessionen sie auch von der Gewalt für sich begehrt, wird nie ihr spitzes Verhältnis zur großen Klasse aufgeben wollen.*[215]

Wohl oder übel mußte sich Büchner fortan in fast allen Belangen dem Diktat Weidigs beugen. Die Flugschrift, die er Anfang des Jahres entworfen hatte, stand zwar unmittelbar vor der Drucklegung, aber nach Weidigs Bearbeitung konnte er sie nicht mehr als die seine anerkennen; die ‹Gesellschaft der Menschenrechte› hatte ihre Funktion weitgehend an Weyprechts und Schütz' Verbindungen verloren. Zwar kamen die Untersuchungsbehörden zu dem Schluß, daß die beiden Konkurrenzorganisationen «nicht» auf Weidigs «Anreiz und als Folge der Badenburger Versammlung entstanden» seien, doch könne «nicht der mindeste Zweifel darüber» bestehen, daß sie «von den auf dieser» Zusammenkunft «Verbundenen unter ihren Einfluß genommen worden sind».[216]

Weidig bestimmte, was als nächstes anstand: die Abholung der fertigen Exemplare des *Hessischen Landboten* aus der Offenbacher Druckerei. Bezeichnenderweise übernahmen dies keine Sektionäre der ‹Gesellschaft der Menschenrechte›, sondern mit Schütz und Minnigerode zwei Mitglieder der ‹Burschenschaftlichen Vereinigung›, denen sich auf ihren Wunsch noch der Butzbacher Weidig-Schüler Karl Zeuner anschloß.

Während sie sich am späten Abend des 30. Juli 1834 auf den Weg machten, bereitete der Butzbacher Verräter Johann Konrad Kuhl seine Denunziation vor, die zwei Tage später zur Verhaftung Minnigerodes am Gießener Selzertor und der anschließenden Vernehmung durch Universitätsrichter Georgi führte. Teils unter dem Hemd und in den Stiefeln versteckt, teils in die Jackentasche eingenäht, fanden sich bei Minnigerode 139 Exemplare des *Hessischen Landboten*. Schütz war inzwischen weisungsgemäß mit einer weiteren Anzahl Flugschriften nach Darmstadt gegangen und Zeuner nach Butzbach zurückgekehrt, wohin ihm Schütz anschließend folgte. Alle drei hatten unterwegs an mehreren Orten *Landboten*-Exemplare deponiert, die nach Weidigs ausgefeiltem Plan «entweder an einem Tage, oder doch möglichst gleichzeitig, an mehreren Orten des Großherzogtums verbreitet werden» sollten[217], was in dieser Form dann nicht mehr gelang.

Minnigerodes Festnahme war in Gießen nicht ohne Aufsehen geblieben, unter anderem kam es zu heftigen Studentenprotesten vor der Wohnung des Universitätsrichters. Noch am gleichen Abend machte sich Büchner auf den Weg nach Butzbach, um Weidig davon in Kenntnis zu setzen. Dieser veranlaßte ihn, auch die anderen Verbündeten, insbesondere in Offenbach, zu warnen, was Büchner mit knappem Vorsprung vor dem örtlichen Polizeikommissar auch gelang. Es war ein glücklicher Zufall, daß Büchner just im gleichen Moment über einen Vorwand zu einer Reise in diese Richtung verfügte, deren konspirativer Charakter ohne dieses Alibi ganz offensichtlich gewesen wäre. So aber konnte er sich bei seiner anschließenden Befragung durch den Universitätsrichter auf die briefliche Verabredung mit seinem Straßburger Freund Boeckel in Frankfurt für den 3. August berufen, die Georgi aus Büchners Briefwechsel, den er bei einer Zimmerdurchsuchung beschlagnahmt hatte, bereits bekannt war. Obschon Büchner inzwischen, wiederum durch Kuhl, als Verfasser des *Landboten* denunziert war und das Ministerium in Darmstadt seine Verhaftung angeordnet hatte, zog Georgi es vor, diese aus taktischen Gründen nicht vorzunehmen, was vom Ministerium nachträglich gebilligt wurde. Büchner erfuhr niemals, wie knapp er einer Festnahme entgangen war.

Wenngleich Büchners «und seiner Freunde revolutionäre Tätigkeit», wie sein Bruder Ludwig 1850 formulierte, auf Grund der sich ausdehnenden Behördenaktivitäten «in der nächstfolgenden Zeit etwas gelähmt» blieb[218], gab es für die Verbündeten des ‹Preßvereins› und ihre Unterstützer genügend zu tun. Am dringlichsten war die Fluchthilfe für Schütz, nach dem inzwischen behördenintern gefahndet wurde. Darüber hinaus mußte über das Schicksal der ca. 800 nicht beschlagnahmten Exemplare des *Landboten* entschieden werden. Außerdem stand die Ausführung der Badenburger Beschlüsse an: Geldsammlungen für die Druckpresse, Herstellung und Verbreitung weiterer Flugschriften. Während Schütz' Flucht über Frankfurt und Mainz nach Straßburg glücklich bewerkstelligt werden konnte und auch die Verbreitung des *Hessischen Landboten* ab Mitte August in Friedberg, Butzbach, Gießen und Umgebung in Gang kam, wurde die Einrichtung einer Geheimdruckerei aufgegeben, nachdem sich mit Ludwig August Rühle, Geschäftsführer einer Marburger Druckerei, eine zuverlässige Person für die Herstellung der geplanten Publikationen des ‹Preßvereins› gefunden hatte. Gleichzeitig sicherte dieser Standort den Einfluß der Marburger Republikaner. Noch konsequenter als Weidig, der inzwischen als Pfarrer nach Ober-Gleen versetzt worden war, wollten sie jede klassenkämpferische Tendenz der Flugschriften eliminiert sehen.

In der zweiten Ausgabe des *Hessischen Landboten*, dessen von Weidig überarbeitete Druckvorlage in der zweiten Novemberhälfte nach Marburg gebracht, dort von Eichelberg mit weiteren Zusätzen versehen und anschließend in einer Auflage von 400 Exemplaren gedruckt wurde, fand diese Position deutlichen Ausdruck. Schwerpunkte der Verbreitung der November-Auflage waren der Raum Butzbach, Alsfeld, der Vogelsberg, das Gebiet um Ober-Gleen sowie die Umgebung von Gießen. Damit sind «immerhin rund 20 Orte im Großherzogtum und Kurfürstentum … namhaft, in die beide Auflagen von Büchners und Weidigs Flugschrift tatsächlich gelangten»[219]. Beweise für eine freiwillige Ablieferung durch loyale Bauern oder Handwerker an die Polizei, wie dies seit August Beckers zweifellos fingierter Verhöraussage immer wieder kolportiert wurde, haben sich in den Prozeßakten nicht gefunden.

Die Überschüsse aus den diversen Geldsammlungen zugunsten des ‹Preßvereins› wurden zur Vorbereitung der Gefangenenbefreiung verwendet. Hier arbeiteten Weidig, Weyprecht, die Butzbacher Weidig-Schüler und die Gießener Studenten mitsamt ihren zahlreichen Helfern eng und ohne politische Ressentiments zusammen. Insbesondere Büchner, der mit Semesterschluß vermutlich Mitte September 1834 ins Darmstädter Elternhaus zurückgekehrt war, setzte sich nach dem Scheitern des Druckpressen-Projekts, das er mit großer Energie betrieben hatte, entschlossen dafür ein und gab Clemm im Dezember 1834 brieflich zu verstehen, daß für die Gefangenenbefreiung «über jede beliebige Summe disponiert werden» könne.[220] Wenn das Befreiungsprojekt im fortgeschrittenen Stadium (u. a. waren bereits Nachschlüssel sowie ein Betäubungsmittel für den Gefangenenwärter besorgt worden) dennoch scheiterte, dann auf Grund immer neuer Schwierigkeiten und der «körperlichen Schwäche Minnigerodes»[221].

Üblicherweise wäre Büchner Ende Oktober wieder nach Gießen zurückgekehrt. Auf Wunsch des Vaters blieb er jedoch das Wintersemester über im Elternhaus in Darmstadt, und zur Sicherstellung der nötigen Konzentration auf seine Studien ließ Dr. Büchner ihn unter seiner Anleitung und vermutlich im Stadthospital «Vorlesungen über Anatomie für junge Leute, die sich für das Studium [der Chirurgie] vorbereiteten», halten.[222] Dennoch konnte der Vater nicht verhindern, daß sein Ältester einen Großteil seiner Energien wieder fachfremden Unternehmungen widmete, zumal, als ab Ende Oktober die Ermittlungen gegen die Verbündeten des ‹Preßvereins› immer engmaschiger wurden und dann auch die Arbeit der ‹Gesellschaft der Menschenrechte› ruhte. Da mußte sich Büchner die Frage aufdrängen, wie in einer Phase historischen Stillstands und erzwungener Zurückhaltung politisch gehandelt werden konnte. Von der konspirativen politischen Publizistik wandte er sich nun zur Demonstration des Geschichtsdramas.

«Danton's Tod» – Drama der Revolution

Danton's Tod ist das erste literarische Resümee von Büchners Schul- und Freizeitlektüre. Das Drama verbindet, zitiert oder parodiert Elementarpoesie und Bildungswissen, deutsche Klassik und französische Romantik, Shakespeares Geschichtsdramen und das Drama der Geschichte. Nicht einzelne Neuerungen machen die Originalität des Stücks aus, sondern die Art und Weise, wie Büchner verschiedenartige

Louis Antoine Léon de Saint-Just
(1767–1794). Zeichnung, um 1790

Traditionslinien zusammenführte.

Primäre stoffgeschichtliche Strukturquelle war die Darstellung der Fraktionskämpfe unter den Jakobinern Anfang 1794 in der zehnbändigen «Geschichte der französischen Revolution» des liberalen Historikers Adolphe Thiers (Paris 1823–27). Die sechsunddreißigbändige Kompilation «Unsere Zeit oder geschichtliche Übersicht der merkwürdigsten Ereignisse von 1789–1830», deren Lektüre Wilhelm Büchner als ausschlaggebenden Umstand für die Entstehung des Dramas bezeichnete[223], diente Büchner sowohl als Materialquelle wie auch als zusätzliche Strukturquelle zur Gesamtorientierung. Besaß Thiers' Revolutionsgeschichte den Vorzug einer chronologisch konziseren Darstellungsweise, so versammelte «Unsere Zeit» eine Vielzahl charakteristischer Anekdoten und referierte viele historische Reden. Thiers lieferte daher «im ganzen die szenische Struktur», «Unsere Zeit» «das für Erweiterungen und Präzisierungen nötige stoffliche und sprachliche Material».[224]

Die Niederschrift von *Danton's Tod* läßt sich mit Hilfe von Selbstaussagen des Autors, Ausleihdaten von (überwiegend historischen) Quellenwerken aus der Darmstädter Hofbibliothek, chronologisierbaren Quellenzitaten im Text des Dramas und dem Befund des erhaltenen Manuskripts (es befindet sich im Goethe- und Schiller-Archiv Weimar) einigermaßen sicher rekonstruieren, doch reicht die Idee eines Revolutionsstücks offenbar weit zurück. Wilhelm Büchner berichtete, sein Bruder habe das Drama «schon sehr lange im Kopf herumgetragen», ehe er sich mit Beginn des Jahres 1835 daran machte, es «mit kurzen und raschen Zügen zu entwerfen».[225] Zeitweilig scheint Büchner daran gedacht zu haben, einen Zeitabschnitt aus dem Girondisten-Prozeß zu bearbeiten. Diese Partei gemäßigter Republikaner war im Herbst 1793 von der damals noch einigen ‹Bergpartei›, den radikalen Konventsmitgliedern, gestürzt worden. Die Lektüre von Charles Nodiers «Letztem Bankett der Girondisten» (Paris 1833) könnte nach Herbert Wenders Vermutung Anlaß zum Plan eines solchen

Maximilien de Robespierre
(1758–1794). Kupferstich, um 1790

Gegenentwurfs gewesen sein.[226] Insgesamt läßt sich auf Grund verschiedener Hinweise mutmaßen, daß Büchner bereits vor der Jahreswende 1833/34 mit der Bereitstellung und Organisation des Materials begann, das ihm dann ein Jahr später die Niederschrift des Revolutionsdramas binnen *höchstens fünf Wochen*[227] ermöglichte.

Danton's Tod ist eines der meistdiskutierten und am meisten kontrovers beurteilten Dramen der Weltliteratur. Wäre es der Interpretation leichter und eindeutiger zugänglich, vielleicht interessierte es gegenwärtig niemanden mehr. So aber gestattet es bis heute die unterschiedlichsten Auslegungen, einschließlich der biographisch besonders abwegigen Deutung als Absage eines Revolutionärs an die Revolution. Jede ernst zu nehmende Interpretation des Dramas muß Büchners wenngleich spärliche Erklärungen dazu berücksichtigen: zum einen die Einstufung als *seidnes Schnürchen*[228], dessen Überreichung im Orient die Aufforderung zur Selbstliquidierung bedeutete, also wohl als «Kampfansage von tödlichem Ernst» an «die Gegner einer auf absolute … Gleichheit zielenden Revolution»[229]; zum andern die Charakteristik als faktentreue Nachschöpfung der Geschichte, aus der *die Leute … lernen* sollten[230] – lernen vielleicht, wie die Revolution abgelaufen war, um sie nicht in dieser Form wiederholen zu müssen: *Ich betrachte mein Drama wie ein geschichtliches Gemälde, das seinem Original gleichen muß.*[231] Das erlaubte Büchner auch die Verteidigung gegen den Vorwurf, *Danton's Tod* sei als *Lektüre für junge Frauenzimmer* ungeeignet: *Ich kann doch aus einem Danton und den Banditen der Revolution nicht Tugendhelden machen! Wenn ich ihre Liederlichkeit schildern wollte, so mußte ich sie eben liederlich sein, wenn ich ihre Gottlosigkeit zeigen wollte, so mußte ich sie eben wie Atheisten sprechen lassen.*[232]

Wie schon im *Landboten* und später im *Woyzeck* stellen «Libertinismus und dogmatischer Atheismus … für Büchner Merkmale der privilegierten Klasse»[233] dar und sind keineswegs Beweis aufgeklärter Vernunft. In dieser Hinsicht berühren sich Büchners Auffassungen mit denjenigen einer von Buonarroti inspirierten plebejisch-neobabouvistischen Strömung. Zweifellos besitzen die Dantonisten bei Büchner ein umfassenderes Revolutionsverständnis, gegenüber dem Robespierres Rigorismus primitiv und borniert erscheint. Sie erkennen die menschliche und soziale Unzulänglichkeit der bürgerlichen Revolution und fragen nach der Lebensqualität der Gegenwart. Ihre Denk- und Handlungsweise ist jedoch keineswegs durch Rücksichtnahme auf andere gekennzeichnet. Wenn Hérault in der Eröffnungsszene *die Revolution* beendet, *Recht* und *Wohlbefinden* in der republikanischen Verfassung verankert sehen möchte und Nichteinmischung des Staates fordert, wo jemand *sich geltend zu machen* und *seine Natur durchzusetzen*[234] sucht, bedeutet dies im Jahre 1794 die Festschreibung der Ungleichheit und die

·DANTON·

Georges Danton (1759–1794).
Radierung, um 1834

Sicherung der eigenen privilegierten Stellung. Jeder weitere Schritt hin zur sozialen Revolution würde die eigene Vorzugsstellung bedrohen und muß daher abgewehrt werden. Büchner verdeutlicht den Klassenegoismus dieser Forderung durch die unmittelbare Konfrontation mit der Lebenswirklichkeit des Pariser Volks in der darauffolgenden Szene. Auch im weiteren Verlauf hat er nichts unterlassen, um die Dantonisten als *Marquis und Grafen der Revolution* zu charakterisieren, die *mit allen Lastern und allem Luxus der ehemaligen Höflinge Parade machen.*[235]

In dieser Kritik an den Neureichen und dem feudalen Lebensstil großbürgerlicher Revolutionsgewinnler folgt Büchner einer egalitär-republikanischen Tradition, wie sie etwa 1832 von Heinrich Heine als Ansicht eines ehemaligen Konventsmitglieds kolportiert wird, demzufolge die Guillotinierung der politischen Gegner ganz zu Recht erfolgte, weil sie allesamt verdorben und leichtfertig, ohne Glauben und Tugend gewesen seien.[236] In der Darstellung dessen, was die Dantonisten als korrupt und insbesondere ‹unsittlich› zeichnen sollte, ging Büchner sogar über seine Quellen hinaus, blieb der Geschichte entgegen seiner Versicherung also doch nicht ganz treu.

Die überaus kritische Einschätzung der Dantonisten wie auch der ultraradikalen Hébertisten geht vermutlich auf Buonarrotis «Verschwörung der Gleichheit» zurück, wo der Verirrung der Atheisten, den Irrtümern der Hébertisten und der Unsittlichkeit der Dantonisten der Verfall

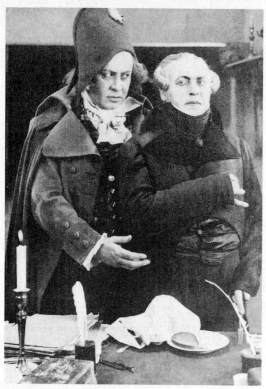

Emil Jannings und Werner Krauß im «Danton»-Film
von Dimitri Buchowetzki, 1921

der Revolution zugeschrieben wird. Im Drama wird dies von Büchner an vielen Details deutlich gemacht; erwähnt seien nur die identischen Beurteilungen durch das Volk in I/2 und durch Deputierte des Nationalkonvents in I/3 sowie die Selbstcharakteristiken: *Man nennt uns Spitzbuben und… es ist, unter uns gesagt, so halbwegs was Wahres dran*[237]; *wir stanken bei Lebzeiten schon hinlänglich*[238]. Schließlich wird fast gleichzeitig vom *Revolutionstribunal* und von einem *Volkshaufen*[239] das Urteil über sie gefällt. Wie Martin Selge gezeigt hat, läßt Büchner das Volk von Paris die Ankunft der Dantonisten am Richtplatz mit der Carmagnole feiern; als ihre Köpfe fallen, herrscht ausgelassene Volksfeststimmung.[240] Daß auch dieses blutige Spektakel die ‹Magenfrage› nicht zu lösen vermag, wird indes ebenfalls deutlich.

Schon wegen Dantons revolutionärer Vergangenheit, wie sie in II/5 und III/4 angedeutet wird, hat der Untergang seiner Fraktion auch einen tragischen Aspekt, zumal Büchner den Weg bis zur Hinrichtung mit Anteilnahme und Mitgefühl verfolgt. Der hohe Grad an Emotionalität, der sich aus der immer mitzudenkenden Guillotine ergibt, teilt sich dem Leser ohne weiteres mit. Das kann aber nicht zu dem Schluß verleiten, Büchner sympathisiere durchweg mit diesen tragischen ‹Helden› oder identifiziere sich etwa mit ihnen. Auch der sachliche Untertitel *Ein Drama* enthält sich demonstrativ einer derartigen Bewertung, gattungspoetologisch impliziert das «Drama» im Unterschied zum «Trauerspiel» sogar die glückliche Wendung, das erfreuliche Finale.

Danton's Tod ist ein Drama über die große Revolution, aber kein revolutionäres Schauspiel, kein Tendenzstück, das Gegenteil von gut gemeinter, aber biederer, verklemmt idealisierender Parteiliteratur; kein Text, der, wie der *Hessische Landbote*, die Volksmassen ermutigen, bestärken, mobilisieren soll. Die Wirkungsgeschichte des Dramas hat gezeigt, daß die internen Deutungshilfen zu wenig prägnant sind, als daß sich das Stück zu Agitationszwecken eignete. Nicht zuletzt diese (scheinbare) Offenheit hat *Danton's Tod* zu einem der meistgespielten Stücke des Welttheaters gemacht. Daß gerade die Hauptfiguren von eminenten Widersprüchen und Selbstzweifeln gekennzeichnet sind, läßt zudem eine Heroisierung nicht zu. Dafür gewinnen beide an Authentizität und Lebenswirklichkeit: Robespierre, der *Unbestechliche*[241], kämpft für die Gleichheit aller, was ihn zum moralischen Sieger macht. Aber seine *Tugend*[242] ist nicht frei von Selbstgerechtigkeit. Sein Antagonist Danton verkörpert Bestechlichkeit und Ausschweifung, aber auch Realismus und Humanismus, Individualismus und Sensualismus. Beide sind, um es mit Büchners eigenem ästhetischem Begriff zu sagen, glaubwürdige *Charaktere*[243]. Camille Desmoulins spricht es aus: *Wir alle sind Schurken und Engel, Dummköpfe und Genies und zwar das alles in einem, die 4 Dinge finden Platz genug in dem nämlichen Körper.*[244] Nur wenige Figuren des Stücks stehen nicht in diesem Zwielicht. Julian Schmidt, der nüchterne Vorkämpfer des Real-Idealismus nach 1848, hatte so Unrecht nicht, als er feststellte: «Büchner zersetzt mit dem Scheidewasser seines Skeptizismus auch die härtesten Gestalten.»[245] Und Georg Fein, Büchners Weggefährte im Straßburger Exil, beanstandete 1835, daß «die großartigen revolutionären Charaktere höchst kleinlich aufgefaßt» seien.[246]

Gemeinsam ist dem *Hessischen Landboten* und dem Revolutionsdrama, daß Büchner beide Male auf die Kraft der Argumente setzt. Was dort die fiskalische Analyse ist, demonstriert Büchner hier entlang der historischen Quellen. Verkörpert Danton die korrumpierbare Bourgeoisie, so erweist sich in der Person des zögerlichen Robespierre die Sozialpolitik der Jakobinerregierung als unzulänglich, die dem Massenhunger durch verschärften Terror beizukommen suchte. So wenig wie Danton die allgemeine Wohlfahrt und Emanzipation im Sinn hatte, so wenig vermochte

Robespierre, der sich schon mit seinem fortschrittlichen Verfassungsentwurf nicht durchsetzen konnte, seine zunehmende Isolierung im Konvent zu verhindern. Der Tod Dantons leitet seinen eigenen Untergang ein.

Da Büchner bei seinen Lesern die Kenntnis von Robespierres Sturz drei Monate nach Dantons Guillotinentod voraussetzen konnte, wird auch in den engen zeitlichen Grenzen des Stücks plausibel, daß Robespierre eben das widerfährt, wovor er seinen Gegenspieler warnte: *Wer eine Revolution zur Hälfte vollendet, gräbt sich selbst sein Grab*[247] – ein Satz, den der historische Robespierre nie gesagt und mit dem ihn Büchner zu einem Vorkämpfer der sozialen Revolution stilisiert hat. Robespierre führt nicht aus, was historisch angezeigt, aber wohl auch nicht machbar war: Das größte politische Genie hätte in einem durch fünf Jahre Revolution, durch Kriege im Innern und nach außen zerrütteten Land die sozialen Verhältnisse nicht entscheidend verbessern können.

Beide Positionen heben sich jedoch keineswegs gegenseitig auf, und Danton setzt sich durch seine bisweilen zutreffende Kritik noch nicht ins Recht. Robespierres Fehler manifestieren sich überzeugend nur in den Beschwerden des Volkes: *Köpfe statt Brot, Blut statt Wein … Die Guillotine ist eine schlechte Mühle … wir wollen Brot, Brot!*[248] Mit dieser Kritik an der Instrumentalisierung der sozialen Unzufriedenheit hebt sich Büchners Robespierre-Bild von demjenigen ab, das Buonarroti der linken Opposition der 1830er Jahre überlieferte.

Daß Büchners Sympathien auch in *Danton's Tod* entschieden auf seiten der «niederen Volksklassen» waren, wie Becker ihm pauschal bescheinigte, darf als sicher gelten. Das *Volk* ist neben Robespierre und Danton der dritte Hauptakteur des Stücks, mit einer eigenen Position, die mehrmals deutlich artikuliert wird, ohne daß es imstande wäre, die tieferen Ursachen für die eigene Lage zu erkennen. Das Volk ist den Kommandos der bürgerlichen Revolutionäre gefolgt und hat seine eigene Situation damit nicht zum Besseren wenden können. *Sie haben uns gesagt: schlagt die Aristokraten tot, das sind Wölfe! Wir haben die Aristokraten an die Laternen gehängt. Sie haben gesagt das Veto frißt euer Brot, wir haben das Veto totgeschlagen. Sie haben gesagt die Girondisten hungern euch aus, wir haben die Girondisten guillotiniert. Aber sie haben die Toten ausgezogen und wir laufen wie zuvor auf nackten Beinen und frieren.*[249]

Ebenso wie Robespierre und Danton ‹gebrochene› Charaktere sind, ist auch das Volk von Paris keine anonyme und homogene geschichtliche Gewalt, sondern ein Ensemble aus Einzelinteressen, die ihrerseits die verschiedenen Fraktionen repräsentieren und nur gelegentlich in Übereinstimmung zu bringen sind. Das Volk in *Danton's Tod* wird von jähen Leidenschaften bewegt, mal ist es faul, mal eitel, mal blutrünstig, mal derb erotisch, anfällig für Schmeichelei und häufig äußerst wankelmütig in seiner Parteinahme. Aber seine Aggressivität ist die Wut der Verzweifelten, seine Irrtümer sind die Folge mangelnder Aufklärung, seine erschreckende Primitivität ist seine Tugend: Die Qual elementarer Bedürfnisse macht es zu einer furchtbaren Gewalt, die den Prozeß der Revolution immer wieder in Gang zu setzen vermag. Zwar hatte das Volk 1794 von seinen Möglichkeiten keinen Gebrauch gemacht, doch war es genau dies, worauf Büchner auch später noch seine Hoffnungen setzte: *Die ganze Revolution hat sich schon in Liberale und Absolutisten geteilt und muß von der ungebildeten und armen Klasse aufgefressen werden; das Verhältnis zwischen Armen und Reichen ist das einzige revolutionäre Element in der Welt.*[250]

Die Niederschrift des Dramas erfolgte in Darmstadt in den fünf Wochen zwischen Mitte Januar und dem 21. Februar. Es war Wilhelm Büchner, der das Manuskript, dem zwei Begleitbriefe beilagen, für seinen Bruder zur Post brachte. Als Adressat hatte Büchner den liberalen Verleger Johann David Sauerländer in Frankfurt gewählt, dem gegenüber er sich auf wenige geschäftliche Zeilen beschränkte. Das andere Schreiben war an den Schriftsteller Karl Gutzkow gerichtet, der das «Literatur-Blatt» von Sauerländers Kulturzeitschrift «Phönix» redigierte. Büchner kannte ihn vermutlich vor allem als Kritiker, der sich soeben erst der «gleichaltrigen

Der Verleger Johann David Sauerländer (1789–1869). Ölgemälde, um 1830

Karl Gutzkow (1811–1878). Lithographie von Heinemann, um 1837

Jugend» als «ehrlicher Vertrauter» vorgestellt hatte: «Ich verkünde nichts, als eure Evangelien: Eure Götter sind die meinen.»[251] Möglicherweise waren ihm auch dessen 1832 anonym erschienenen «Briefe eines Narren an eine Närrin» bekannt, in denen Gutzkow mit republikanischen Ideen, der Verfassung von 1793, Robespierre und Saint-Just mehr als geliebäugelt hatte, was ihm Börnes und Heines Lob eintrug.

Über sein Werk selbst wollte sich Büchner in diesem Brief nicht äußern; statt dessen bat er Gutzkow mit Nachdruck, *das Manuskript so schnell wie möglich* durchzulesen und, falls ihm sein *Gewissen als Kritiker dies erlauben sollte*, es Sauerländer *zu empfehlen*.[252] Tatsächlich sicherte Gutzkows positives Urteil dem Manuskript «die gefällige, freundliche Teilnahme» Sauerländers. Für den 25. Februar hatte Gutzkow eine literarische Gesellschaft in seine Wohnung an der Eschenheimer Gasse geladen; dieser «Kreis von älteren und jüngeren Kunstgenossen und Wahrheitsfreunden», zu dem neben Sauerländer und dem Schriftsteller Joel Jacoby vermutlich unter anderen die Autoren Eduard Duller (Chefredakteur des «Phönix»), Gustav Schlesier, Eduard Beurmann, der Komponist Wilhelm Speyer und der Arzt August Clemens gehörten, bildete Büchners erstes Publikum: «Die Vorlesung einer Auswahl davon, obschon von diesem oder jenem mit der Bemerkung, dies oder das stände im Thiers, unterbrochen, erregte Bewunderung vor dem Talent des jugendlichen Verfassers.»[253]

In rasch aufeinanderfolgenden Briefen verständigten sich Büchner und Gutzkow über die Höhe des Honorars, einen auszugsweisen Vorabdruck im «Phönix» und die Eliminierung sexueller Anspielungen im Text des Dramas. Sauerländers Angebot betrug 10 Friedrichsd'or (= 100 Gulden rheinischer Währung, das dreiundachtzigfache des Verkaufspreises der broschierten Buchausgabe) und lag damit im Vergleich mit anderen Dramenhonoraren an der unteren Grenze. Dennoch blieb Büchner, dessen Flucht unmittelbar bevorstand, keine andere Wahl. Auf Gutzkows Vorschlag, die Abschwächung der zensurrelevanten Passagen selbst oder zusammen mit ihm vorzunehmen, konnte er nicht eingehen, weil er, wie er Gutzkow offenbarte, «vor seiner Familie sogar, verborgen» lebte.[254] Statt dessen gab er Gutzkow wegen der notwendigen *Änderungen*[255] eine Art Generalvollmacht. Gutzkows Antwortbrief blieb zwei Tage in Frankfurt liegen und traf, zusammen mit dem bar ausbezahlten Honorar, erst am 7. März in Darmstadt ein. Da befand sich Büchner bereits auf dem Weg ins französische Exil.

Gutzkow stand nun vor der undankbaren Aufgabe, in alleiniger Verantwortung eine zensurresistente Druckvorlage von *Danton's Tod* herzustellen, zunächst für den Vorabdruck im «Phönix» Ende März/Anfang April, den er wegen der Abwesenheit des Chefredakteurs Duller in alleiniger Regie betreute. So gehen neben den von ihm später eingestandenen Eingriffen in Büchners «übermütige Satire», ohne die Büchners

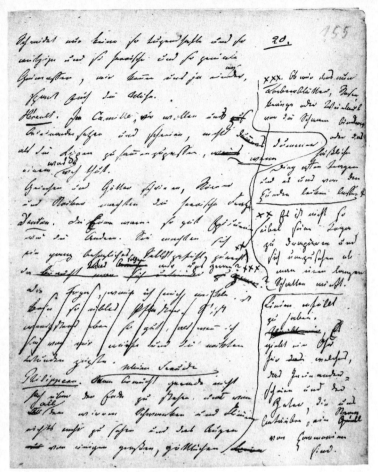

Manuskriptseite aus «Danton's Tod»

Drama jedoch kaum die Frankfurter Vorzensur passiert hätte, auch die formalen Manipulationen an der Dramaturgie des Stücks (mit bedeutenden inhaltlichen Konsequenzen) auf sein Konto. Gutzkows präventive Änderungen betrafen dann in vollem Umfang die Buchfassung. Hier mußten «lange zweideutige Dialoge in den Volksszenen, die von Witz und Gedankenfülle sprudelten» und im «Phönix» durch verbindende Zwischentexte hatten übergangen werden können, «zurückbleiben». Die weitere Wirkungsgeschichte belegt allerdings, daß die «Ruine einer Verwüstung», wie Gutzkow den von ihm zurechtgestutzten *Danton* selbstkritisch bezeichnete[256], trotzdem unter den Zensurforderungen einzelner Zeitgenossen blieb.

Wie wenig Büchner mit Gutzkows Eingriffen einverstanden war, geht aus seinem Brief an die Familie vom 28. Juli hervor. In zwei erhaltenen Widmungsexemplaren für seine Freunde Stoeber und Baum hat er, wahrscheinlich aus dem Gedächtnis, den originalen (und mit seinem Manuskript nahezu übereinstimmenden) Wortlaut wiederherzustellen versucht oder Gutzkows ‹Verbesserungen› durch Randbemerkungen signalisiert bzw. kommentiert. Mit den peniblen Restituierungsversuchen wollte Büchner offenbar wettmachen, daß sein Drama bei Wegfall der obszönen Markierung der Dantonisten um ein wichtiges Argument gebracht worden war.

Danton's Tod. Dramatische Bilder aus Frankreichs Schreckensherrschaft erschien in schätzungsweise 400 Exemplaren im Sommer 1835, vermutlich zeitgleich mit Gutzkows fulminanter Rezension im «Literatur-Blatt» vom 11. Juli. Den «Schreckenstitel» hatte dessen Kollege Duller hinzugefügt.[257] Dem «Lob-Sturmgeläute», mit dem Büchner von Gutzkow «in die Welt hinausgerufen ward»[258], folgten binnen der nächsten elf Monate fünf weitere Rezensionen. Büchners Voraussage, daß *noch die ungünstigsten Kritiken erscheinen* würden, weil *die Regierungen… durch ihre bezahlten Schreiber beweisen lassen* müßten, *daß ihre Gegner Dummköpfe oder unsittliche Menschen* seien[259], bewahrheitete sich nur im Fall einer kraß denunziatorischen Rezension in der Beilage der Dresdner «Abend-Zeitung», die Büchner vor dem Hintergrund der Menzel–Gutzkowschen Literaturfehde kurzerhand der «Frankfurter Läster- und Lasterschule»[260] zuordnete. Ansonsten hielten sich Zustimmung und Ablehnung die Waage.

Während die an der normativen Ästhetik orientierte konservative Literaturkritik ebenso wie mancher von Büchners politischen Weggefährten das Stück aus formalen wie inhaltlichen Gründen kritisierte, fand es in Kreisen der literarischen und philosophischen Avantgarde wohlwollende, mitunter enthusiastische Aufnahme. Der zweiundzwanzigjährige Autor hatte mit seinem Erstlingswerk nicht nur *die Geschichte zum zweiten Mal erschaffen*[261] und dabei parteilich gedeutet, er hatte auch die gängigen Themen der Vormärz-Subkultur mehr als nur gestreift: Politik, Religion, soziales Leben, Kunsttheorie; Weltschmerz und Ennui, Sensualismus und Spiritualismus. Zwar sind Beurteilungen durch Börne, Grabbe oder Heine, die für das zeitgenössische Verständnis des Stücks besonders aufschlußreich hätten sein können, gerade nicht nachzuweisen, dafür aber (neben Gutzkows diversen Stellungnahmen) anerkennende frühe Äußerungen von Ludolf Wienbarg, Gustav Kühne, Franz Dingelstedt, Heinrich Laube, Hermann Marggraff, Friedrich Hebbel und Georg Herwegh. Johannes Scherr reihte *Danton's Tod* 1848 wie selbstverständlich

Danton's Tod.

Dramatische Bilder

aus

Frankreichs Schreckensherrschaft

von

Georg Büchner.

Frankfurt am Main.

Druck und Verlag von J. D. Sauerländer.

1835.

Erstausgabe von
Büchners Revolutionsdrama.
Exemplar aus dem Besitz
von August Lüning

der «Weltliteratur» ein, und der französische Schriftsteller Jules Claretie (1840–1913) ging bereits 1868 davon aus, das Stück werde in Deutschland mit großem Erfolg aufgeführt. Das war dann allerdings – nach einer Studentenaufführung in Zürich-Fluntern zu Beginn der 1890er Jahre – erst 1902 der Fall.

Straßburg und Zürich
1835–1837

Der Flüchtling

Wohin ihn seine subversive politische Tätigkeit unter Umständen führen konnte, war Büchner von vornherein bewußt. Bereits Mitte März 1834 hatte er gegenüber seiner Verlobten die sichere *Aussicht auf ein stürmisches Leben, vielleicht bald auf fremdem Boden!*[262] formuliert. Schneller vermutlich als erwartet wurde diese Vision Wirklichkeit.

Im Herbst/Winter 1834/35 wurden die Ermittlungen der mit den Untersuchungen beauftragten Behörden in Darmstadt, Gießen und Friedberg forciert, das Netz um die Verbündeten des Badenburger ‹Preßvereins› und ihre Helfer immer enger gezogen. Am 27. November erfolgte die Verhaftung Karl Zeuners in Butzbach, und von da an häuften sich die gerichtlichen Vorladungen. Es war nur noch eine Frage der Zeit, bis entweder einer der Inhaftierten dem Druck der Vernehmungen erliegen und gestehen oder die Verdachtsmomente so handfest sein würden, daß sie weitere Zugriffe ermöglichten. «Die fortwährende Angst vor Verhaftung, verbunden mit der angestrengtesten Arbeit an ‹Danton›, versetzten» Büchner «in der letzten Zeit seines Darmstädter Aufenthalts in eine unbeschreibliche geistige Aufregung...; er sprach selten, aß wenig und zeigte immer eine verstörte und stiere Miene», berichtete der jüngere Bruder Ludwig, wohl auf Grund von Erinnerungen der Familie und auch gestützt auf Büchners briefliche Bemerkung, die *beständige geheime Angst vor Verhaftung und sonstigen Verfolgungen* hätte ihn *in Darmstadt* dauernd *gepeinigt.*[263] Zuletzt war angeblich «die Straße, in der er wohnte... täglich an beiden Enden durch Polizisten bewacht»[264]. Daraufhin wurde kurzerhand «eine Leiter in dem Garten an die Mauer gelehnt, mit deren Hilfe er in andere Gärten flüchten wollte, wenn die Häscher kämen». Denn «daß er flüchten müsse», hatte er seinem Bruder Wilhelm, der als einziges Familienmitglied eingeweiht war, «wiederholt» versichert. Dessen «Einreden» und «Vorstellungen», «welchen Kummer er den Eltern» damit bereiten würde», begegnete er mit der Erklärung, «es sei sein Tod, wenn er in Gefangenschaft geriete».

Nach Darstellung seines Bruders Ludwig soll Büchner in Friedberg und Offenbach verhört worden sein, während er nach seines Bruders Wilhelm Bericht den Vorladungen nach Offenbach auswich und eine weitere Vorladung nach Darmstadt dadurch umging, daß er Wilhelm «an seiner Statt hinschickte». Mitte/Ende Februar erhielt er anscheinend eine erneute Vorladung nach Friedberg, der er jedoch nicht Folge zu leisten gedachte. Während die Familie davon ausging, er sei nach Friedberg verreist, und die Behörden des Großherzogtums bereits intern nach dem «Hochverräter» fahndeten, bereitete Büchner von einem Versteck aus die Flucht vor. Die Angst vor Verhaftung war größer als die bis dahin demonstrierte Unerschrockenheit, verdrängte selbst die bedrückende Gewißheit des «daraus entspringenden Zerwürfnisses mit dem Vater» und die «Sorge um die in der Gefangenschaft befindlichen Freunde»[265], deren Befreiung sein vordringliches Ziel war. Wie es scheint, ist ihm von seinen Mitverschworenen deswegen niemals ein Vorwurf gemacht worden, auch nachher galt er ihnen nicht als Abtrünniger. Vor allem die Anfang April einsetzende Verhaftungswelle gegen die republikanischen Zirkel im Großherzogtum und im Kurfürstentum Hessen gab Büchner allzubald Recht, und obgleich die Vorstellung, daß seine Freunde und Kampfgefährten inhaftiert waren, *schwer*[266] auf dem Exulanten lag, erklärte er doch: *Ich danke dem Himmel, daß ich voraussah, was kommen würde, ich wäre in so einem Loch verrückt geworden.*[267]

Auslöser der Verhaftungen war ausgerechnet Gustav Clemm, der unter den Gießener Studenten als besonders leidenschaftlich und fanatisch galt und von Leopold Eichelberg sogar als Revolutionär von äußerster Konsequenz eingeschätzt worden war. Ohne jede Aussicht, wegen des noch gegen ihn schwebenden Wachensturm-Verfahrens zum Staatsdienst zugelassen zu werden, was aber die Voraussetzung für die Verheiratung mit der Gießener Gutsbesitzerstochter Emilie von Grolmann (aus der Familie eines langjährigen Staatsministers) gewesen wäre, war er schließlich zur vollständigen Abkehr von seinen früheren Idealen bereit. Sein Bruder Friedrich fädelte vermutlich das Arrangement mit Georgi ein, und anschließend schlossen der Student und sein Richter Ende März/Anfang April jenen infamen Pakt, der an die 50 Personen ins Gefängnis und Weidig den Tod brachte.

Von Georgi entsprechend instruiert, war Clemm von nun an nur noch dessen Werkzeug; was er unternahm, diente ausschließlich der Beschaffung einschlägiger, gerichtsverwertbarer Beweise. Am 6. April wurde August Becker in Gießen, tags darauf Leopold Eichelberg in Marburg verhaftet, wo es noch zu weiteren Festnahmen, Vernehmungen und Haussuchungen kam. Am 12. April ließ Georgi Sartorius verhaften; jedesmal

Gustav Clemm (1814–1866).
Ölgemälde, um 1845

hatte Clemm als Lockvogel gedient. Auch zu den Haftbefehlen gegen Weidig, dessen Amtskollegen Pfarrer Heinrich Christian Flick in Petterweil und den Butzbacher Weidig-Schüler Karl Flach gaben Clemms Geständnisse die entscheidende Handhabe. Georgi bedankte sich bei ihm mit einer Art interner Kronzeugenregelung, stellte das Wachensturm-Verfahren gegen ihn ein, nahm ihn aus taktischen Gründen vorübergehend in Schutzhaft, sorgte für seine vorzeitige Entlassung und setzte sich später für Haftverschonung ein. Nichts liebt der Staat mehr an seinen Gegnern als ihren Verrat.

Ermöglicht wurde Büchners Flucht durch einen Teil des in Butzbach für die Projekte des ‹Preßvereins› gesammelten Geldes. Sein Fluchtweg dürfte dem geglichen haben, den vor und nach ihm auch die anderen Flüchtlinge mit dem Ziel Straßburg nahmen, führte also vermutlich über Bensheim, Worms, Neustadt, Landau und Bergzabern zur Grenze nach Wissembourg und von dort weiter nach Straßburg. Vorläufige Endstation waren in der Regel zwei dortige Gasthöfe: der eine mit dem passenden Namen ‹Zum tiefen Keller› im Kinderspielgäßchen, der andere das ‹Rebstöckel› am heutigen Gerbergraben. Beide Inhaber waren deutscher Herkunft und fühlten sich nicht zuletzt deshalb zur Unterstützung ihrer Landsleute verpflichtet.

War der Weg durch Hessen noch einigermaßen unproblematisch, weil notfalls als Ausflug zu tarnen, wurde es schon im deutschen Ausland gefährlich. Der Wechsel nach Frankreich erfolgte wohl meist nachts und über die grüne Grenze. Eine Begegnung mit der Gendarmerie war dringend zu vermeiden, da für den Aufenthalt in Frankreich Ausweispapiere erforderlich waren. Ansonsten lief man Gefahr, für einen Gauner oder Vagabunden gehalten und seinen Heimatbehörden überstellt zu werden. Da kein in die Untersuchungen Verwickelter auf amtliche Reisedokumente hoffen durfte, blieb nur die Wahl zwischen der Flucht mit einem gefälschten bzw. veränderten oder anderweitig besorgten Paß oder die weitaus riskantere paßlose Flucht. Nicht wenige Exulanten lebten, oftmals monatelang, unter angenommenem Namen und mit falschen Papieren in der elsässischen Metropole.

Weil die Quellenlage eine genaue Klärung nicht mehr zuläßt, muß offen bleiben, auf welche Weise Büchner nach Straßburg gelangte. Sicher ist nur, daß er um den 6. März Darmstadt verließ und sich am 9. März aus Wissembourg (Weißenburg) bei seinen Eltern meldete: *Ihr könnt, was meine persönliche Sicherheit anlangt, völlig ruhig sein. Sicheren Nachrichten gemäß bezweifle ich auch nicht, daß mir der Aufenthalt in Straßburg gestattet werden wird.*[268]

Zwischen März und Dezember 1835 kam rund ein Dutzend hessischer Flüchtlinge nach Straßburg. Für die meisten konnte die Stadt auf Grund der rigiden Flüchtlingsgesetze nur eine Zwischenstation auf dem Weg ins Landesinnere oder in die Schweiz sein, wo sie sich in der Regel zunächst mit Gelegenheitsarbeiten durchschlugen. Günstiger traf es die Mediziner unter ihnen, die ihr Studium in Straßburg beenden und sich in Frankreich ohne Schwierigkeiten als Arzt niederlassen konnten. Diese Möglichkeit war Büchner, der «die Arzneikunst» längst «verlassen» hatte[269], verwehrt. Außerdem stellte Straßburg für ihn keine bloße Durchgangsstation dar, dazu waren seine Bindungen an die Stadt zu groß. Es kam also darauf an, sich einen legalen Status zu verschaffen, was ohne Papiere jedoch unmöglich war. Weil politischen Flüchtlingen ohne Visum längeres Verweilen in Grenznähe ausdrücklich untersagt war, sie sich höchstens mit Duldung *des Präfekten* dort aufhalten durften, womit sie aber auch ganz dessen *Willkür... überlassen*[270] waren, können sich Büchners Erwartungen nur auf sein Inkognito bezogen haben, was er den Eltern selbstverständlich brieflich nicht anvertraute. Da wir wissen, daß Büchner sich von Gutzkow seine Post ab Mitte Mai per Adresse eines «Monsieur Lucius» schicken ließ[271], lag es nahe, in den Straßburger Archiven nach einem Reisenden dieses Namens zu suchen. Tatsächlich ließ sich am 12. März 1835, einen Tag nach Büchners mutmaßlicher Ankunft, ein zwanzigjähriger elsässischer Weinkellner namens Jacques Lutzius bei den Behörden registrieren. Da die Anmeldung innerhalb von nur 24 Stunden geschah, dürfte Büchner von seinen deutschen und/oder französischen Freunden schon erwartet, alles von langer Hand vorbereitet worden sein.

Unter dem Namen und mit den Papieren des Weinkellners Lutzius, dessen Beruf ihm gegebenenfalls die Angabe des Arbeitsplatzes ‹Rebstöckel› oder ‹Tiefer Keller› ermöglichte, lebte Büchner, nachdem er zunächst anscheinend für mehrere Wochen regelrecht untergetaucht war, bis in den Herbst hinein. Wie Édouard Reuss sich zu erinnern glaubte, suchte Büchner als Exulant keine «Gesellschaft»[272]. Insbesondere von allen «Zusammenkünften, Gesprächen und Bestrebungen» des politisch aktiven, vorwiegend aus Handwerkern zusammengesetzten Flüchtlingskreises um Georg Fein (1803–69) hielt sich Büchner, wie auch seine ihm ins Exil vorangegangenen oder nachgefolgten Kommilitonen, fern, weshalb sie von Fein, einem guten Freund von Wilhelm Schulz, mit dem Spottnamen «Großherzoglich hessische Studenten-Aristokratie» belegt wurden.

Fein vermißte bei Büchner die «Kraft und Ausdauer» des «echten Genies». Allzu früh habe er, «des unvergeßlichen Weidigs Freund und Schüler… alle Flügel der Hoffnung sinken» lassen und «die Reihen seiner Mitstreiter» verlassen.[273] Büchners politische Überzeugung, wonach *i m Augenblicke* nichts erreicht werden könne und nur *auf die Zeit* zu *hoffen* sei [274], entsprach aber der Strategie der französischen *Republikaner*, die Büchner ganz ähnlich skizzierte:… *sie wollen keine Emeuten mehr… Ihre Grundsätze finden von Tag zu Tag, namentlich bei der jungen Generation mehr Anhang, und so wird wohl die Regierung nach und nach, ohne gewaltsame Umwälzung von selbst zusammenfallen.*[275] In einem Rückblick des Jahres 1854 auf seinen Straßburg-Aufenthalt von 1835 und 1836 täuschte sich Fein, als er Büchner «Ekel und Überdruß», Ernüchterung und Resignation unterstellte.[276]

Auf besondere Verwendung[277] angesehener Straßburger Bürger, die *mit dem Präfekten gut* standen[278], erhielt er im Herbst eine Sicherheitskarte, eine Art Interimsausweis für Straßburg. Daß der zum Untersuchungsrichter und Chefermittler avancierte Georgi inzwischen öffentlich nach ihm fahndete und durch den in der «Großherzoglich Hessischen Zeitung» sowie im überregionalen «Frankfurter Journal» publizierten «Steckbrief» außerdem «die öffentlichen Behörden des In- und Auslandes» ersucht waren, das flüchtige *Individuum* «im Betretungsfalle festnehmen und wohlverwahrt» in Darmstadt «abliefern zu lassen»[279], gefährdete seine Stellung dann auch nicht weiter: *Ich lebe hier ganz unangefochten*[280], teilte er am 16. Juli 1835 der Familie mit. Doch hieß es weiterhin, jeden Konflikt mit den Straßburger Behörden zu vermeiden, da es von Büchners Wohlverhalten abhing, ob er weiter als Exulant gegen die Vorschriften geduldet oder als ‹Störer› der öffentlichen Ordnung abgeschoben wurde.

Wie die meisten seiner Freunde suchte sich Büchner, nachdem er sein Bleiberecht erwirkt hatte, ein Zimmer im Straßburger Südbezirk, womit er sich in die Obhut des den deutschen Flüchtlingen «wohlwollenden» Polizeikommissars Jonathan Pfister, eines «heimlichen Republikaners»[281], begab. Zusätzlich ließ er verbreiten, er sei *in die Schweiz gegangen*[282]. Sein Freund Boeckel wagte noch am 16. Januar 1836 nicht, seinen Brief an Büchners reguläre Adresse zu richten, sondern wählte den Umweg über Wilhelmine Jaeglé, «um unserm George Unannehmlichkeiten zu ersparen»[283]. So mußte für Büchners gesamten Straßburger Aufenthalt gelten, was er im Sommer 1835 der Familie in Darmstadt versicherte: *Ich bin äußerst vorsichtig.*[284] Kaum jemals dürfte es bei der Fahndung nach einem entsprungenen Missetäter so tölpelhaft zugegangen sein, wie von Büchner im Bruchstück aus *Leonce und Lena* konstruiert:

Zwei Polizeidiener treten auf.

1. Poliz. Halt, wo ist der Kerl?

2. Pol. Da sind zwei.

Bekanntmachungen.

1643) [Zwingenberg.] Steckbrief. Die unten signalisirte ledige Barbara Adler von Gernsheim, welche bisher wegen eines bedeutenden, mittelst Einsteigens verübten Diebstahls in Untersuchung und Haft befand, ist in der Nacht vom auf den 17: d. M. aus dem Gefängniß zu Pfungstadt, wahrscheinlich mit Beihülfe einer andern Person, welche von außen die Schlösser mehrerer Thüren öffnete, entwichen.

Man ersucht alle Gerichts- und Polizeibehörden, auf die der öffentlichen Sicherheit gefährliche Barbara Adler ein wachsames Auge zu haben, sie im Betretungsfalle arretiren und hierher abliefern zu lassen.

Zwingenberg, den 18. Juni 1835.

Großherzogl. Heff. Landgericht dafelbst.

Klipstein.

Signalement.

Barbara Adler von Gernsheim,
  Alter: 29 Jahre,
  Statur: mittlere,
  Gesicht: länglich,
  Gesichtsfarbe: frisch und roth,
  Haare: schwarz,
  Stirne: schmal,
  Nase: kurz,
  Mund: aufgeworfen,
  Kinn: spitz,
  besondere Zeichen: Inculpatin ist hoch schwanger.

Kleidung.

ein roth geblümtes Halstuch,
ein blau gedruckter Rock und Mutzen,
ein wollener weißer Unterrock,
eine blau gestreifte Schürze,
ein baumwollen, weiß melirte Strümpfe und Schuhe.

1628) [Darmstadt.] Steckbrief. Der hierunter signalisirte Georg Büchner, Student der Medicin aus Darmstadt, hat sich der gerichtlichen Untersuchung seiner indicirten Theilnahme an staatsverrätherischen Handlungen durch die Entfernung aus dem Vaterlande entzogen. Man ersucht deshalb die öffentlichen Behörden des In- und Auslandes, denselben im Betretungsfalle festnehmen und wohlverwahrt an die unterzeichnete Stelle abliefern zu lassen.

Darmstadt, den 13. Juni 1835.

Der von Großherzogl. Heff. Hofgericht der Provinz Oberhessen bestellte Untersuchungsrichter,

Hofgerichtsrath Georgi.

Personal-Beschreibung.

Alter: 21 Jahre,
Größe: 6 Schuh, 9 Zoll neuen Hessischen Maases,
Haare: blonde,
Stirne: sehr gewölbt,
Augenbraunen: blonde,
Augen: graue,
Nase: stark,
Mund: klein,
Bart: blond,

Kinn: rund,
ungent: ??
Gesichtsfarbe: frisch,
Statur: kräftig, schlank,
Besondere Kennzeichen: Kurzsichtigkeit.

1644) [Mainz.] Unbekannte Leiche. Heute, des Vormittags, wurde am Rheinufer bei hiesiger Stadt eine unbekannte männliche, gänzlich entkleidete Leiche gelandet, welche dem Ansehen nach 3 bis 6 Tage im Wasser gelegen hatte. Da es nun unbekannt ist, wer der Verunglückte gewesen, so wird Jedermann, der Auskunft hierüber zu geben vermag, hiermit aufgefordert, dieß bei dem Unterzeichneten baldmöglichst zu thun.

Mainz, den 17. Juni 1835.

In höherem Auftrage:
der erste Polizei-Commissär
Mella.

Beschreibung des Leichnams.

Größe: 6 Schuh 3 Zoll hiesigen Maases;
Körperbau: schlank;
Alter: etwa 20 bis 30 Jahre;
Augen: schienen, im Leben braun gewesen zu seyn, so viel es die Fäulnis erkennen ließ;
Haare: dunkelbraun;
Bart: Milchbart;
Zähne: gut erhalten;
Gesichtsform: rund;
Kinn: rund.

1573) [Gedern.] Versteigerung von Mühlengebäulichkeiten auf den Abbruch. Nachstehend verzeichnete, zu der Hofmühle bei Hirzenhain gehörigen Gebäulichkeiten, als:
1) das Mehlmühlen-Gebäude mit 2 Mahlgängen und Rädern, mit Wohnung von 2 Stock Höhe und herausstoßendem Stall und Scheuerraum, 123 hessische Fuß Länge und 34 Fuß Breite;
2) das Brauhaus, 36 Fuß Länge, 34 Fuß Breite;
3) die Stallung für Schweine, 39 Fuß Länge 20 Fuß Breite;
4) die im Jahr 1818 neuerbaute Oehlmühle, 35 Fuß Länge, 28 Fuß Breite, mit dem gehenden Werk,

sollen

Montag den 29. Juni d. J.,

an Ort und Stelle an den Meistbietenden im Ganzen oder einzeln auf den Abbruch verkauft werden.

Zahlungsfähigen Käufern kann Credit bewilligt werden.

Gedern, den 3. Juni 1835.

Gräflich Stolbergische Rent-Kammer.

F. Dieffenbach.

1638) [Darmstadt.] Gesuchtes Capital. Es werden 12,000 fl. zu 4% auf ein Haus von beinahe doppeltem Werthe in einer der besten Lagen hiesiger Stadt aufzunehmen gesucht. — Die Zinsen fallen vierteljährig. — Bei der Redaction dieser Zeitung das Nähere zu erfragen.

Büchners Steckbrief in der «Großherzoglich Hessischen Zeitung» vom 22. Juni 1835

1. P. Sieh einmal ob keiner davon läuft?

2. P. Ich glaube es läuft keiner.

1. P. So müssen wir sie beide inquirieren. Meine Herren, wir suchen jemand, ein Subjekt, ein Individuum, eine Person, einen Delinquenten, einen Inquisiten, einen Kerl. (Zu dem andern Pol.) Sieh einmal, wird keiner rot?

2. P. Es ist keiner rot geworden.

1. P. So müssen wir es anders probieren. – Wo ist der Steckbrief, das Signalement, das Zertifikat? (2. Pol. zieht ein Papier aus der Tasche und überreicht es ihm.) Visiere die Subjekte, ich will lesen: ein Mensch –

2. P. Paßt nicht, es sind zwei.

1. P. Dummkopf! geht auf zwei Füßen, hat zwei Arme, ferner einen Mund,

eine Nase, zwei Augen, zwei Ohren. Besondere Kennzeichen: ist ein höchst gefährliches Individuum.

2. P. Das paßt auf beide. Soll ich sie beide arretieren?

1. P. Zwei, das ist gefährlich wir sind auch nur zwei. Aber ich will einen Rapport machen. Es ist ein Fall von sehr kriminalischer Verwicklung oder sehr verwickelter Kriminalität.[285]

Seit ich über die Grenze bin, habe ich frischen Lebensmut, schrieb Büchner seiner Familie am 9. März aus Wissembourg. *Jetzt habe ich Hände und Kopf frei… Es liegt jetzt alles in meiner Hand.* Gutzkow dagegen vertraute er nicht viel später an, seine *Zukunft* sei *so problematisch, daß sie* ihn *selbst zu interessieren* anfange.[286] In einem weiteren Brief bekundete er dann seine Absicht, sich aus eigener Kraft «einen Weg zur bürgerlichen Existenz zu bahnen und von seinen Gaben die möglichen Vorteile zu ziehen»[287], worin Gutzkow seinen Schützling seitdem immer wieder zu bestärken suchte: Die freie «Autorschaft» sei «das beste Mittel der Existenz», und er werde im «Literatur-Blatt» «alles» unterbringen, was Büchner ihm schicke, beispielsweise «Kritiken über neueste franz. Literatur»[288]. Es blieb bei dem Plan; zunächst wegen Gutzkows ständiger Reisetätigkeit, dann wegen seines Ausscheidens beim «Phönix».

Erfolgreicher war Gutzkows Versuch, den Autor von *Danton's Tod* als Mitübersetzer einer Gesamtausgabe der Werke Victor Hugos im Sauerländer-Verlag zu vermitteln. Autor und Verleger einigten sich vermutlich Mitte April auf die beiden Prosa-Dramen «Lucrèce Borgia» und «Marie Tudor», als Honorar wurden wiederum 100 Gulden vereinbart. Prompt versicherte Büchner seiner Familie, er *sehe* seiner *Zukunft sehr ruhig entgegen*, weil er *von* seinen *schriftstellerischen Arbeiten leben* könnte[289], womit neben den damals noch aktuellen Literaturkritiken zweifellos auch die beiden Übersetzungen gemeint waren. Als Büchner in einem Brief an Gutzkow formulierte, er wisse nicht recht, «‹wie er sich durch V. Hugo durchnagen› solle, Hugo gäbe nur ‹aufspannende Situationen›»[290], dürfte er mit der Arbeit bereits begonnen haben. Keine acht Wochen später konnte er nach Hause melden: *Mit meiner Übersetzung bin ich längst fertig.*[291] Daß er hin und wieder seine elsässischen Freunde und die Verlobte konsultierte, wenn es um die richtige Wiedergabe eines französischen Idioms ging, liegt nahe; perfekt zweisprachig war Büchner nicht, wie kleine Unebenheiten in den französischen Passagen seiner Gießener Briefe an Wilhelmine Jaeglé beweisen.

Der Druck verzögerte sich; erst am 10. Oktober wurde in der Frankfurter Lokalpresse das Erscheinen des sechsten Bandes von Sauerländers Hugo-Ausgabe mit Büchners Übersetzungen angezeigt. Korrektur kann Büchner nicht gelesen haben, denn sowohl «Lucretia Borgia» als auch «Maria Tudor» *wimmeln,* wie schon der *Danton, von den abscheulichsten Druckfehlern*[292]. Das Honorar ließ sich Büchner am 18. Dezember per

Wechselbrief über die Straßburger Buchhandlung Treuttel & Würtz, an der ein Bruder Eugène Boeckels beteiligt war, auszahlen.

Was Büchners Übersetzungen von allen anderen zeitgenössischen Übertragungen unterscheidet, ist der behutsame Umgang mit der Vorlage. Er versuchte weder Hugos Stil durch Kürzungen zu verharmlosen noch durch poetische Effekte zu überbieten. Die Eigenarten blieben so gewahrt. Wenn Büchner dennoch eine Intensivierung gelang, dann allein auf Grund von ‹immanenten› Korrekturen in vorsichtiger Dosierung. Es waren nur Nuancen, aber sie verbesserten Hugo insofern, als sie sein Pathos auf ein Minimum reduzierten und die rhetorischen Klischees in einigermaßen erträgliche Umgangssprache verwandelten. Die Möglichkeiten des Übersetzers fanden indessen dort ihre Grenze, wo der Inhalt eine weitergehende Literarisierung nicht zuließ. Hugos Dramen blieben auch in der subtilen Version Georg Büchners Melodramen, die ihre Hauptinspirationen der Trivialliteratur verdankten.

Angesichts von Büchners deutlicher Distanzierung von der literarischen Romantik, der progressiven links wie der restaurativen rechts des Rheins, erscheint es wenig wahrscheinlich, daß es, als Nebeneffekt der intensiven Beschäftigung, zu einer Wirkung des Autors Hugo auf den Autor Büchner kommen konnte. Dennoch sind einige Forscher von diesem Rückwirkungsphänomen überzeugt. Das von Hugo in der «Cromwell»-Vorrede (1827) formulierte, von ihm selbst nicht mit letzter Konsequenz realisierte Programm einer «vollständigen Poesie», in der sich das Schöne mit dem Häßlichen, das Erhabene mit dem Grotesken verbinde, sei für Büchner wegweisend geworden. Dagegen spricht jedoch, daß Büchner sich mit seinem nächsten literarischen Projekt dann einem ganz anderen, scheinbar unmodernen, überholt privaten Genre zuwandte: der Künstlernovelle.

«Lenz» – Bruchstück eines Dichterlebens

Am 20. Januar des Jahres 1778, nach einem Jahr unsteten Wanderlebens, das ihn an den Rand des physischen und psychischen Ruins brachte, und wenige Wochen nach einem Selbstmordversuch, der die erste sichtlich schizophrene Phase einleitete, kam der siebenundzwanzigjährige Theologiekandidat und Dichter Jakob Michael Reinhold Lenz, mittellos und in verwahrlostem Zustand, nach Waldersbach, einem kleinen elsässischen Pfarrdorf 50 Kilometer südöstlich von Straßburg im abgelegenen Steintal. Im Haus des protestantischen Pfarrers Johann Friedrich Oberlin fand er auf Empfehlung von dessen Schweizer Freund Christoph Kaufmann vorübergehend Zuflucht.

Oberlin konnte nicht wissen, daß Lenz nach Waldersbach geschickt worden war, weil seine Freunde sich von einem Aufenthalt bei dem durch

Jakob Michael Reinhold Lenz (1751–1792). Zeichnung, um 1777

seine philanthropische Praxis berühmten Pfarrer Besserung seines ‹Gemütszustandes› erhofften. Die Begegnung mit einigen Bekannten von Lenz auf einer kurzen Reise in die Schweiz klärte Oberlin indes bald über die desolate Verfassung seines Gastes auf. Nach seiner eiligen Rückkehr verschlechterte sich Lenz' Befinden auf dramatische Weise. Akute Krankheitsschübe ließen sein Verhalten immer unberechenbarer und damit für Oberlins Familie und Gesinde von Stunde zu Stunde beängstigender erscheinen. Suizidversuche führten schließlich zum abrupten Ende von Lenz' Aufenthalt in Waldersbach und zu seiner Verbringung nach Straßburg, im Morgengrauen des 8. Februar 1778, begleitet von zwei Fuhrleuten und drei stämmigen Wächtern, die nicht von seiner Seite wichen.

Zu seiner Rechtfertigung wie auch zur Information über den aktuellen «Zustand» des «bedauerungswürdigen Jünglings»[293] verfaßte Oberlin, vermutlich auf Grund eines Tagebuchs, einen genauen Bericht über die Zeit von Lenz' unvermitteltem Erscheinen im Pfarrhaus bis zu seinem Abtransport. Das Original des «nicht für die Öffentlichkeit»[294] bestimmten Zirkulars ist nicht erhalten; die Vorlage, eine Schreiberreinschrift mit eigenhändigen Korrekturen, blieb in Oberlins Besitz. Nach seinem Tod wurde sie von Ehrenfried Stoeber im Nachlaß aufgefunden und kopiert.

Über fünf Jahrzehnte nach Lenz' Aufenthalt im Pfarrhaus zu Waldersbach stieß Georg Büchner auf Oberlins Protokoll. Er erfaßte augenblicklich die Brisanz des Textes, in dem selbst «die geringsten Umstände … mit psychologischer Treue»[295] aufgezeichnet waren, so daß es nur weniger Eingriffe bedurfte, um Oberlins anspruchslose Zweckprosa in ein Stück außergewöhnlicher Literatur zu verwandeln. Er erkannte aber auch dessen instrumentelle Eignung: als Stoff für eine Künstlernovelle, in der die Ansprüche, Kämpfe und Niederlagen der Sturm-und-Drang-Bewegung, personifiziert in ihrem wohl unglücklichsten Vertreter, vergegenwärtigt werden konnten. Seine Novelle *Lenz* wurde zur Fallstudie eines künstlerischen, psychischen und damit auch sozialen Grenzgängers. Zugleich offenbarte Büchner im Psychogramm der sensiblen Künstlerpersönlichkeit eigene Abgründigkeiten.

Das Bild des Dichters Lenz in der literarischen Öffentlichkeit war ungenau und durch Goethes scheinbar verbindliche Charakteristik seines literarischen und erotischen Rivalen in «Dichtung und Wahrheit» (3. Buch, Kapitel 11 und 14) geprägt. Insgesamt erschien er als Enfant terrible, als Exzentriker, der mehr durch seine Beziehung zu Goethe als durch eigene Schriften zu interessieren wußte. Zwar hatte Goethe in seiner Autobiographie halb dazu aufgerufen, nach den von ihm gelieferten «Prämissen» Lenz' «Lebensgang, bis zu der Zeit da er sich in Wahnsinn verlor, auf irgend eine Weise anschaulich zu machen»[296], doch gerade in Straßburg wußte man durch einen Brief an den Philologen Christian Moritz Engelhardt, daß die Weimarische Exzellenz an einer ‹Aufarbeitung› dieser Le-

Johann Friedrich Oberlin
(1740–1826). Lithographie von
Ch. L. Schuler, 1803

bensperiode nicht interessiert war, weil Goethe die allgemein akzeptierte
Darstellung des Straßburger Aufenthalts in seiner Autobiographie für
definitiv ansah und die «gute Wirkung» beim Publikum «durch unzusam-
menhängende Wirklichkeiten notwendig gestört werden» müsse.[297]

Ende 1831 traten Ehrenfried Stoeber und sein dreiundzwanzigjähriger
Sohn August mit zwei Veröffentlichungen hervor, von denen besonders
die erste auf eine umfassende Rehabilitierung Lenzens hinauslief. Vom
19. Oktober bis zum 15. Dezember publizierte August im angesehenen
Stuttgarter «Morgenblatt für gebildete Stände» biographische «Mitteilungen» über den «Dichter Lenz», unbekannte Briefe und ein noch unge-
drucktes Gedicht. An Hand der Briefe des Sturm-und-Drang-Autors an
den Straßburger Aktuar Johann Daniel Salzmann konnte Stoeber die
bislang nicht bekannte biographische Tatsache belegen, daß Lenz zwei
Jahre nach Goethe wie dieser eine enge Verbindung zu der Sesenheimer
Pfarrerstochter Friederike Brion eingegangen war, die mit einer Enttäuschung endete. Goethes parteiliche Lenz-Charakteristik in «Dichtung
und Wahrheit» ergänzend und korrigierend, behauptete Stoeber, die
Trennung von Friederike habe Lenz' Leben «jene traurige Wendung»
gegeben, «welche ihn verzehrte. Der Gedanke an seine Geliebte absor-
bierte ihn ganz; in ihm gingen alle andern Gedanken unter ... Sein ganzer
Gemütszustand, in Licht und Schatten, ist aus allen Erscheinungen jener

Periode erklärlich.»[298] Ehrenfried Stoeber brachte Ende 1831 eine Biographie seines Lehrers und väterlichen Freundes Oberlin heraus, worin er auch dessen Gastfreundschaft gegenüber Lenz kurz referierte und Lenz' Schicksal sogar mit dem Tassos verglich.

Um diese Zeit muß Büchner als Straßburger Student mit Leben und Werk des Dichters bekannt geworden sein, und zwar durch August Stoeber selbst, der nach eigenem Bekunden mit seinem Darmstädter Freund «oft schöne Stunden im Gespräch über deutsche Kunst und Literatur» verbrachte.[299] Zwar konnte er das Lenz-Projekt erst als Exulant ernsthaft in Angriff nehmen, doch trug er sich «lange Zeit mit dem Gedanken, Lenz zum Helden einer Novelle zu machen». Stoeber stellte ihm dafür 1835 eine Abschrift von Oberlins Bericht, aber auch weitere «Handschriften»[300] und einschlägige «wertvolle Bücher»[301] zur Verfügung. Wie aus den noch unveröffentlichten Tagebüchern Georg Feins hervorgeht, der sich im Frühjahr und Sommer 1835 und dann noch einmal im Sommer 1836 in Straßburg aufhielt und dabei mehrmals mit Büchner zusammenkam, hatte Stoeber seinem Freund neben dem «Aktenstück Oberlins über Lenz» auch «die Briefe von Lenz an Salzmann im Morgenblatt und das Protokoll der deutschen Gesellschaft in Straßburg», bei der Lenz während seines dortigen Aufenthalts 1775 und 1776 «Sekretär war», leihweise überlassen. Von letzterem besaß Stoeber eine unvollständige Abschrift. Stoeber dürfte ihm auch sein Exemplar der von Ludwig Tieck 1828 in drei Bänden herausgegebenen «Gesammelten Schriften» von Lenz geliehen haben, das Büchner seinerseits im Sommer 1836 Georg Fein zur Verfügung stellte.[302]

Unter den Oberlin-Quellen war es vor allem Ehrenfried Stoebers über 600 Seiten starke Biographie, der Büchner manches bezeichnende Detail über Oberlins praktische Tätigkeit, seine psychologischen Demonstrationen und seine mystische Religiosität entnahm. Außerdem lebten Anfang der 1830er Jahre noch eine Reihe von Freunden und Schülern Oberlins, die von ihm befragt werden konnten, allen voran Ehrenfried Stoeber, «welchen Oberlin immer wie seinen Sohn liebte»[303], ferner Jonas Boeckel, der Vater von Büchners Freund, und Pastor Jaeglé, der Vater seiner Braut. Den alten Oberlin, den Mystiker, hatten noch mehrere seiner theologischen Freunde und Bekannten kennengelernt.

Gab es auch keine Gewährsleute mehr für den historischen Lenz, so konnte Büchner doch den einschlägigen Kapiteln in Goethes Autobiographie einige Details für sein Porträt entlehnen. Diverse Reminiszenzen lassen darauf schließen, daß Büchner neben Lenz' Schriften auch noch mehrere Dichtungen des jungen Goethe herangezogen hat, um sich die authentische Atmosphäre des Sturm und Drang zu vergegenwärtigen, insbesondere «Die Leiden des jungen Werthers» (1774). Ludwig Tiecks Dichtungen haben Büchners Novelle ebenfalls auf vielfältige Weise beeinflußt. Während des Studiums in Straßburg beschränkte sich Büchners Beschäftigung mit Lenz wohl auf horizonterweiternde Lektüre. Noch fehlte das «Grunderlebnis», die unerträgliche Trennung von der Verlobten in Straßburg, die Büchners Gießener Aufenthalt 1833 und 1834 zu einer wahren «Infernozeit»[304] werden ließ. Kurt Voss sprach deswegen von einem regelrechten «Lenzerlebnis Büchners» in Gießen, das «immer mehr zur künstlerischen Gestaltung drängte»[305]. Die Wende in Büchners Lenz-Rezeption spiegelt sich im Brief an Wilhelmine Jaeglé vom März 1834, in dem er zwei beziehungsreiche Strophen aus Lenz' Gedicht «Die Liebe auf dem Lande» zitierte. Die Identifikation erfolgte aber in beide Richtungen: als Projektion eigener Erfahrungen, Wahrnehmungen und Gefühle auf das andere Ich, und als Anverwandlung des anderen. Fühlte er einerseits «in Lenzens Leben und Sein... verwandte Seelenzustände»[306], konnte er andererseits in seinem *Lenz* die Gestalt des Dichters «aus eigenem seelischen Erleben... zu neuem Leben... wecken»[307]. Das ging so weit, daß er seine persönliche «Auffassung der künstlerischen Aufgabe» kurzerhand «seinem Lenz in den Mund»[308] legte, wie 1851 Wilhelm Schulz bestätigte: *Ich verlange in allem Leben, Möglichkeit des Daseins, und dann ist's gut; wir haben dann nicht zu fragen, ob es schön, ob es häßlich ist, das Gefühl, daß was geschaffen sei, Leben habe, stehe über diesen beiden, und sei das einzige Kriterium in Kunstsachen... Die Leute können auch keinen Hundsstall zeichnen. Da wolle man idealistische Gestalten, aber alles, was ich davon gesehen, sind Holzpuppen. Dieser Idealismus ist die schmählichste Verachtung der menschlichen Natur.*

Wenn Büchners Lenz sich anschließend auf die unprätentiöse, unpathetische, die *einfach-menschliche Art*[309] betonende niederländische Malerschule beruft und insbesondere auf Carel van Savoys «Christus erscheint den Jüngern in Emmaus» (entstanden um 1654), verweist das ein weiteres Mal auf seine eigene Biographie, denn das vor allem durch seine Ausmaße beeindruckende Ölgemälde befand sich, zunächst Rembrandt zugeschrieben, in der Darmstädter Gemäldegalerie.

Zur Entstehung der Novelle liegen briefliche und biographische Dokumente vor. Wilhelm Schulz konnte, allerdings nur für die Zeit von März bis Mitte Juni aus eigenem Augenschein, berichten, daß Büchner sich während seines zweiten Straßburg-Aufenthalts mit der «Sammlung» von «Notizen» zu *Lenz* sowie der «Ausarbeitung» der Novelle beschäftigte.[310] Die Schwerpunkte der Arbeit an *Lenz* dürften jedoch in die Zeit zwischen April und November 1835 fallen. Anfang April scheint sich Büchner in einem nicht überlieferten Brief an Gutzkow erstmals über sein Vorhaben geäußert zu haben, das er dann in einem nicht überlieferten Brief von April/Mai 1835 präziser charakterisierte. Gutzkow antwortete am 12. Mai: «Ihre Novelle Lenz soll jedenfalls, weil Straßburg dazu anregt, den gestrandeten Poeten zum Vorwurf haben? Ich freue mich, wenn Sie schaffen. Einen Verleger geb' ich Ihnen sogleich.»[311] Sowohl mit dem Titel als auch mit der gattungspoetologischen Bezeichnung dürfte Gutzkow nur

«Christus erscheint den Jüngern in Emmaus».
Ölgemälde von Carel van Savoy (um 1654)

wiederholt haben, was von Büchner formuliert worden war, und dabei blieb er auch in späteren Briefen. An beidem ist also festzuhalten, selbst wenn *Lenz* für Büchner nur den Charakter eines Arbeitstitels gehabt haben sollte und in der Forschung umstritten ist, ob es sich bei Büchners Prosafragment tatsächlich um eine Novelle im klassischen Sinn handelt.

Aus literaturpolitischem und marktstrategischem Kalkül war Gutzkow sehr daran interessiert, daß sein Schützling möglichst bald mit einer zweiten literarischen Veröffentlichung von sich reden machte. Auch im Brief vom 23. Juli beteuerte er daher, daß er für *Lenz* «schon einen bessern Verleger» als Sauerländer habe[312], wobei er an seinen Freund Zacharias Loewenthal (1810–84) in Mannheim dachte, der einen Tag später mit der Gründung einer «Verlagshandlung» an die Öffentlichkeit trat.

Während sich Büchner schon früh auf das Genre «Novelle» festlegte, war der Umfang des Sujets noch längere Zeit offen. Aus Gutzkows Brief vom 6. Februar 1836 geht hervor, daß Büchner ihm unter anderem geschrieben hatte, «daß Lenz Goethes Stelle bei Friederiken vertrat». Noch 1839 wiederholte Gutzkow: «Büchner wollte eine eigentümliche und authentische Beziehung Lenzens zu Goethes Friederike (von Sesenheim) darstellen.»[313] Des weiteren dürfte Büchner auf den gleichzeitigen Aufenthalt Goethes und Lenzens hingewiesen haben, wie man ihn aus Goethes Autobiographie kannte, denn Gutzkow nahm im Brief vom 6. Februar 1836 Bezug auf das entsprechende Kapitel in «Dichtung und Wahrheit»: «Was Goethe von ihm in Straßburg erzählt, die Art, wie er eine ihm in Kommission gegebene Geliebte zu schützen suchte, ist an sich schon ein sehr geeigneter Stoff.»[314] Offenbar dachte er an ein erotisches Ränkespiel. Auch aus Gutzkows Nachruf von 1837 ist zu schließen, daß Büchner insbesondere die Beziehung zwischen Lenz und Friederike Brion in den Mittelpunkt seiner Novelle stellen wollte, denn er hatte – so Gutzkow– nicht nur «viel Neues und Wunderliches» über Lenz «erfahren», sondern zugleich «viel Neues über Friederike und ihre spätere Bekanntschaft mit Lenz»[315]. Das verweist eindeutig auf Lenz' Besuche in Sesenheim, worüber dessen von August Stoeber 1831 publizierte Briefe an Salzmann Auskunft gaben. Überdies hatte Büchner durch seine elsässischen Freunde möglicherweise Zugang zu Materialien aus dem Nachlaß von Friederike Brion. Auch sein Brief an die Familie von Oktober 1835 deutet darauf hin, daß er zunächst einen umfangreicheren Abschnitt aus Lenz' Leben bearbeiten wollte als im *Lenz*-Fragment überliefert ist, denn die von ihm genannten Eckdaten umfassen den Zeitraum von 1771 bis 1778: *Ich habe mir hier allerhand interessante Notizen über einen Freund Goethes, einen unglücklichen Poeten namens Lenz verschafft, der sich gleichzeitig mit Goethe hier aufhielt und halb verrückt wurde.*[316]

Nicht zuletzt weil die Dreiecksgeschichte Goethe–Friederike–Lenz die Gefahr einer Schlüssel- oder Klatsch-Novelle barg, scheint Büchner seinen ursprünglichen umfassenden Plan aufgegeben und sich auf den von Oberlin protokollierten Aufenthalt in Waldersbach konzentriert zu haben. Dabei beschränkte er sich «auf eine kühle Phänomenologie, aus der die Krankheit, das Leiden, die veränderte Erlebenswelt Lenzens in um so plastischerer Weise deutlich werden»[317]. In der Darstellung der Pathogenese hielt er sich zurück. Oberlin war sich in den Ursachen für Lenz' «unermeßliche Qual» dagegen ganz sicher gewesen: «Fürchterlich und höllisch war es, was er ausstand, und es durchbohrte und zerschnitt mir das Herz, wenn ich an seiner Seite die Folge der Prinzipien, die so manche heutige Modebücher einflößen, die Folgen seines Ungehorsams gegen seinen Vater, seiner herumschweifenden Lebensart, seiner unzweckmäßigen Beschäftigungen, seines häufigen Umgangs mit Frauenzimmern, durchempfinden mußte.»[318]

Weder übernahm Büchner diese pietistisch-pragmatische Erklärung noch erlag er dem «Kurzschluß»[319], Lenz' Geisteskrankheit sei die ausschließliche Folge seiner gescheiterten Liebesbeziehung zu Friederike Brion, wie dies August Stoeber suggeriert hatte. Um so klarer dürfte er aus Oberlins Protokoll die charakteristischen Symptome der *Melancholie* herausgelesen haben, jener *Krankheit, die eine Neigung zum Selbstmorde zur Folge* hat, wie schon der siebzehnjährige Gymnasiast wußte.[320] Dem von ihm entworfenen Krankheitsbild einer schizophrenen Psychose ist von der Fachmedizin denn auch Evidenz und Geschlossenheit bescheinigt worden.

Nachdem Gutzkow mit Brief vom 28. August 1835 die Gründung der «Deutschen Revue» unter seiner und Ludolf Wienbargs Ägide zum Jahresende 1835 angekündigt hatte, kam für Büchner als Publikationsort zunächst diese Zeitschrift in Frage. Nach Gutzkows Vorstellung sollte er «monatlich wenigstens 1 Artikel (spekulativ, poetisch, kritisch, quidquid fert animus)»[321] beisteuern. Büchners Antwort ist nicht erhalten, aber wie man seinem Brief vom 20. September an die Familie entnehmen kann, war er erfreut, daß sich ihm auf diese Weise *eine Quelle öffnete*. Rundweg ablehnen konnte er eine Mitarbeit an der «Deutschen Revue» schon aus finanziellen Erwägungen nicht. Im selben Brief hieß es entsprechend: *Vielleicht, daß Ende des Jahres noch etwas von mir erscheint.* Im Oktober war konkret von einem Lenz-*Aufsatz* für die «Deutsche Revue» die Rede, und im Brief vom 2. November verriet er, daß er inzwischen für die «Deutsche Revue» *Artikel zu liefern versprochen*[322] hatte. Geplant war also, *Lenz* als Fortsetzungsdruck, wie damals durchweg üblich, erscheinen zu lassen.

Doch es kam anders. Schon wenige Tage später machte ein bundesweites Vorausverbot der «Deutschen Revue» den Garaus, anschließend wurde in Mannheim ein Verfahren gegen Gutzkow und seinen Verleger Loewenthal eröffnet, und am 30. November erfolgte Gutzkows Verhaftung wegen «Angriffes auf die Religion» in seinem Skandalroman «Wally, die Zweiflerin». Mit dem Beschluß der Deutschen Bundesversammlung vom 10. Dezember 1835 gegen die Autoren und Verleger des Jungen Deutschland, wobei namentlich Heinrich Heine, Karl Gutzkow, Ludolf Wienbarg, Heinrich Laube und Theodor Mundt genannt wurden, war schließlich der spektakuläre Höhepunkt in der Auseinandersetzung zwischen der engagierten Literatur und dem System der Restauration erreicht. Zum erstenmal in der Geschichte der deutschen Literatur hatte eine Gruppe von Schriftstellern zu propagieren gewagt, daß Literatur nicht nur Medium der Erkenntnis, sondern selbst Mittel der Gesellschaftsveränderung sein sollte, und ebenfalls erstmals in der deutschen Literaturgeschichte wurde eine Gruppe von Autoren per Regierungsbeschluß an der Fortsetzung ihrer literarischen Tätigkeit gehindert oder zumindest (und das auf Jahre) großen Beschränkungen unterworfen.

Die Maßnahmen des Deutschen Bundestags sowie einzelner Regierungen gegen die engagierte Literatur konnten Büchner allerdings nur in seinem Vorsatz bestärken, sich nicht mit dem unsicheren Status eines Berufsschriftstellers abzufinden, sondern sich «eine Existenz» zu schaffen, «als Schmied seines Glückes»[323]. Gutzkow, der ihn als freien Kollegen zu gewinnen suchte, bewies gerade, daß die von ihm propagierte Strategie des «Ideenschmuggels»[324] nicht aufging.

Wenngleich die intensive Arbeit an seinen philosophischen und morphologischen Studien die weiterführende Beschäftigung mit *Lenz* keineswegs ausschließen muß, so sprechen doch Büchners eigene Erklärungen mindestens für eine Zurückstellung des Projekts. Der Familie versicherte er am 1. Januar 1836 selbstbewußt: *Ich gehe meinen Weg für mich und bleibe auf dem Felde des Dramas*, das mit all den aktuellen *Streitfragen nichts zu tun* habe.[325] In Büchners Nachlaß fand sich später nur das «Fragment einer Novelle»[326], vermutlich ein Konvolut aus mehreren, sich überlagernden Entwürfen und Reinschriften, die verschiedene Stufen der Werkgenese spiegelten, mit Arbeitslücken durchsetzt. Diese «Bruchstücke des Lenz»[327], die ihm Wilhelmine Jaeglé in einer Abschrift zur Verfügung gestellt hatte, veröffentlichte Gutzkow im Januar 1839 im Hamburger «Telegraph für Deutschland» als «Reliquie von Georg Büchner». Sowohl die Druckvorlage als auch die Original-Handschriften des *Lenz* müssen als verloren gelten.

Wissenschaft als Beruf

Hoffte Büchner nach seiner Flucht auch, zunächst seine *Faulheit wenigstens ein Vierteljahr lang fristen zu können,* verlor er seinen *S t u d i e n p l a n*[328] dennoch nicht aus den Augen. Er wollte sein Auskommen nicht auf die ‹freie› «Autorschaft» gründen, die Gutzkow für «das beste Mittel der Existenz»[329] hielt, sondern die Wissenschaft zu seinem Brotberuf machen. Voraussetzung waren akademische Meriten und die Habilitation an einer Hochschule. Eine greifbare Alternative zu den deutschen Universitäten, die dem Exulanten versperrt waren, bot die 1833 eröffnete Hochschule in Zürich, die sofort eine Reihe fortschrittlicher Gelehrter in die Schweiz zog. Ihr Gründungsrektor war der Naturphilosoph Lorenz Oken (1779–1851), von Heine gerühmt als der «genialste Denker und einer der größten Bürger Deutschlands»[330]. Eine Dozentur oder gar Professur in Zürich garantierte Büchner regelmäßige Einkünfte und einen hohen sozialen Status und ließ ihm obendrein Zeit genug, um weiter literarisch tätig zu sein, als dichtender Akademiker, wie seine berühmten Kollegen August Wilhelm Schlegel, Ernst Moritz Arndt, Ludwig Uhland oder Friedrich Rückert. Eine lukrative und seriöse Alternative gab es kaum – es sei denn, man hatte das Glück, wie Georg Herwegh in eine reiche Familie einzuheiraten oder besaß wie Karl Marx in Friedrich Engels einen selbstlosen wohlhabenden Freund. Die angeblich freie Kunst der Schriftstellerei kannte nur wenige wirklich freie Autoren; die Mehrzahl schrieb im Nebenberuf, wie der Archivdirektor Franz Grillparzer, der Textilreisende Georg Weerth, der Diplomat Karl August Varnhagen von Ense, die Schulleiterin Malwida von Meysenbug, der Schulinspektor Adalbert Stifter, der Pfarrer Eduard Mörike oder der Arzt Justinus Kerner.

Die Abhängigkeit des Berufsschriftstellers von Moden und Marktgesetzen hätte von Büchner eine ähnliche Anpassung verlangt wie die Karriere im großherzoglich hessischen Medizinalwesen. So geschah es also nicht nur zur Beruhigung der konsternierten Eltern, wenn Büchner bereits in seinem ersten Brief aus dem französischen Exil schrieb: *Ich werde das Studium der medizinisch-philosophischen Wissenschaften mit der größten Anstrengung betreiben, und auf d e m Felde ist noch Raum genug, um etwas Tüchtiges zu leisten und unsere Zeit ist grade dazu gemacht, dergleichen anzuerkennen.*[331] Die «praktische Medizin» gab Büchner «entschieden» auf[332], denn Pathologie und Therapie hatten ihn nie interessiert. Im Oktober 1835 schrieb er der Familie, er *sehe sich eben nach Stoff zu einer Abhandlung über einen philosophischen oder naturhistorischen Gegenstand um. Jetzt noch eine Zeit lang anhaltendes Studium, und der Weg ist gebrochen. Es gibt hier Leute, die mir eine glänzende Zukunft prophezeien. Ich habe nichts dawider.* Wenig später konnte er sogar berichten: *Aus der Schweiz habe ich die besten Nachrichten. E s w ä r e m ö g l i c h, daß ich noch vor Neujahr von der Züricher Fakultät den Doktorhut erhielte, in welchem Fall ich alsdann nächste Ostern anfangen würde, dort zu dozieren.*[333] Ludwig Büchner ergänzte hierzu: «Nachrichten aus Zürich über die schlechte Besetzung einiger naturwissenschaftlicher Fächer ließen ihn den Gedanken fassen, sich für einen Lehrkursus über vergleichende Anatomie, die in Zürich noch nicht vorgetragen worden war, vorzubereiten. Der berühmte [Alexandre] Lauth und [Georges-Louis] Duvernoy, Professor der Zoologie, leisteten ihm für diese Studien allen Vorschub, und machten ihm den Gebrauch der Stadtbibliothek sowohl, als einiger bedeutenden Privatbibliotheken möglich.»[334]

Im Dezember 1835, vermutlich unmittelbar nach seinem Umzug in die rue de la Douane zu Weinhändler Siegfried, begann Büchner «die Vorarbeiten für seine Abhandlung»[335], die ihm dann tatsächlich den Doktortitel der Universität Zürich eintragen sollte, wenn auch erst elf Monate später als zunächst beabsichtigt. «Seine vergleichend-anatomischen Studien führten ihn zur Entdeckung einer früher nicht gekannten Verbindung

Der Quai St. Thomas, das Münster und die Douane in Straßburg. Lithographie, um 1860. Im Haus ganz links wohnte Büchner 1835 und 1836

unter den Kopfnerven des Fisches, welches ihm die Idee gab, eine Abhandlung über diesen Gegenstand zu schreiben.»[336]

Weder die Zahl noch Ursprung und Verlauf der Schädel- und Rückenmarksnerven der Fische konnten als zuverlässig erforscht gelten. Büchner leistete hier Pionierarbeit, und wegen seiner profunden Leistungen auf diesem Sektor verglich ihn der Zoologe Hermann Stannius 1849 sogar mit dem berühmten Cuvier. Einige von Büchners deskriptiv-anatomischen Befunden haben ihren wissenschaftlichen Wert bis heute behalten.

Neben Karpfen, Hechten, Alsen, Barschen und Lachsen lieferte hauptsächlich die zur Gattung der Cypriniden (Karpfenfische) gehörende Flußbarbe das Material zu Büchners morphologischer Untersuchung. Daß er eine Fischart wählte, hatte zunächst seinen Grund im Fischreichtum von Rhein, Ill und Breusch. In den Gewässern in und um Straßburg war die «gesellig lebende» Flußbarbe, leicht erkennbar an den vier Bartfäden am vorstehenden Oberkiefer, massenhaft verbreitet und deshalb bei den Fischern preiswert zu erstehen – ein wichtiges Kriterium für den unbemittelten Exulanten. Außerdem war der bis zu 9 Kilogramm schwere Karpfenfisch wegen seines massiven Skeletts für anatomische Befunde besonders gut geeignet. Karl Gustav Carus, der erste Lehrstuhlinhaber für vergleichende Anatomie in Deutschland, hatte die Cypriniden in seiner von

Büchner mehrfach zitierten Abhandlung «Von den Ur-Teilen des Knochen- und Schalengerüstes» als besonders «regelmäßige Fische», als ein «Genus» bezeichnet, in dem sich alles, «was diese Abteilung charakterisiert, in den einfachsten Zahlenverhältnissen und reinster Form darstellt»; in ihnen sei «der Typus, die mathematische Urform ... besonders deutlich ausgesprochen»[337]. Ein zeitgenössisches Lexikon befand, das «Fleisch» der Barbe sei «voller Gräten», in England werde sie daher «nur von der ärmeren Volksklasse gegessen»[338]. Viele Gräten, wenig Fleisch: die Barbe, Proletarier unter den Fischen, war auch der Speisefisch des Proletariats.

Büchner präparierte, zum Teil im Wasser, «das Achsenskelett, die Schädel mitsamt Kiemen, vor allem aber Rückenmark, Gehirn, die Spinal- und die Hirnnerven»[339]; er arbeitete mit einer starken Lupe und nur an frisch getöteten Tieren, bei denen das natürliche Weiß der Nervenfasern noch deutlich mit der Farbe des Fleischs kontrastierte. Die winterliche Jahreszeit ermöglichte eine leichtere Bearbeitung und ausreichende Konservierung des Materials bis zur exakten Beschreibung und Verzeichnung der Sektionsbefunde.

Die präparative Darstellung des Nervensystems der Fische war indes nur die Grundlage für weiterreichende Hypothesen. Im zweiten, *philosophischen* Teil seiner Untersuchung wollte Büchner zeigen, mit welchen

Flußfischer bei den «Gedeckten Brücken» in Straßburg. Aquarell, um 1830

Teilen des Nervensystems der auf höherer Entwicklungsstufe stehenden Tiere man die Nerven der Fische vergleichen konnte. Dahinter stand die Auffassung, es gebe so etwas wie einen allgemeinen Organisationsplan, aus dem heraus sich alle Gemeinsamkeiten der Wirbeltiere entwickelten und auch die Abweichungen sich erklären ließen.

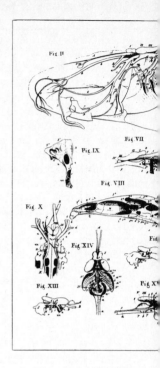

Büchner fragte nicht nach Sinn und Zweck des Ganzen, sondern nach einer übergreifenden Norm. Seine Methode war die *genetische*, das heißt er folgte dabei dem Entwicklungsgesetz der Natur als der «mannigfaltigsten Wiederholung des ursprünglichen Bildungstypus... in immer andern und höhern Potenzen»[340], wie Carus gesagt hatte. Durch gewissenhafte Vergleichung des Nervensystems der Wirbeltiere, wobei mit den einfachsten Organisationen zu beginnen sei, hoffte Büchner auch zur Klärung der (teils bis heute) ungelösten Fragen nach den Beziehungen zwischen den Hirn- und Rückenmarksnerven, zwischen den Schädelwirbeln und den Anschwellungen des Gehirns, beizutragen. Damit knüpfte er an die «Wirbeltheorie des Schädels» an, die Goethe und Oken unabhängig voneinander entwickelt hatten und die am konsequentesten von Carus vertreten wurde. Ihr lag die Annahme zugrunde, «der Schädel sei das Ergebnis einer Metamorphose der vordersten Rückenwirbel», was bis zur Widerlegung durch Thomas Henry Huxley im Jahre 1859 «in der vergleichenden Anatomie Deutschlands als in jeder Hinsicht gesichert» galt.[341] Analog zu dieser Theorie suchte Büchner die Gehirnabschnitte und die ihnen zugeordneten Hirnnerven von den Rückenmarksnerven abzuleiten.

Waren die soliden empirischen Befunde im ersten, *deskriptiven* Teil seiner Untersuchung gewissermaßen seinen Straßburger Lehrern und Förderern gewidmet, so können die morphologischen Erörterungen im *philosophischen* Teil als Zugeständnis an die *deutsche Schule*[342] und insbesondere an die für seine Promotion zuständige Philosophische Fakultät der Zürcher Hochschule gelesen werden, deren Professoren für Büchner ja die Rolle von Doktorvätern übernahmen. Dennoch bewahrte Büchner in diesem spekulativen Teil seiner Untersuchung eine durchaus

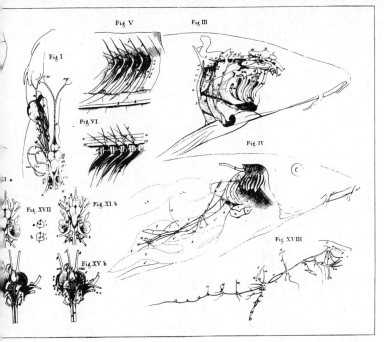

Tafel mit den anatomischen Befunden zu Büchners Untersuchung
über die Nerven der Flußbarbe. Lithographie von F. Hagen, 1836

«selbstkritische Haltung» zu seiner Fragestellung, indem er «Hypothesen
und Vermutungen… als solche kennzeichnete»[343]. Die wenigen Zitate aus
Okens Schriften erscheinen lediglich als «freundliche Gesten» gegenüber
dem Gelehrten.[344]

Die Untersuchung nahm Büchner Ende 1835/Anfang 1836 vollkommen in Anspruch, so daß er *einen vollen Winter und ein halbes Frühjahr
nicht aus seinen 4 Wänden*[345] kam. Sein «rastloser Eifer» ließ ihn «häufig
seine Arbeit bis tief in die Nacht fortsetzen»[346]. Im März 1836, so Ludwig Büchner, war er fertig. Wohl auf Einladung seiner Straßburger
Mentoren Lauth und Duvernoy referierte Büchner die Ergebnisse seiner Arbeit in drei aufeinanderfolgenden Sitzungen der Straßburger
‹Société du Muséum d'histoire naturelle› vom 13. und 20. April und 4.
Mai 1836. Sein Vortrag mit dem damals noch umfassenderen Titel
«Über die Nerven der Fische», den er vermutlich mit Hilfe von Präparaten anschaulich gestaltete, fand bei den Mitgliedern der renommierten
Gelehrtenvereinigung «sehr großen Beifall», und die ‹Société› beschloß
«auf Antrag der Professoren Lauth und Duvernoy», die Untersuchung

«zum Druck auf ihre Kosten zuzulassen»[347] und in ihre Schriftenreihe aufzunehmen.

Für die Drucklegung nahm Büchner einige Überarbeitungen vor; diese Schlußredaktion zog sich bis zum 31. Mai hin. Erst dann war die Untersuchung *vollständig fertig.* Sie habe sich *viel weiter ausgedehnt, als anfangs* gedacht, berichtete Büchner seinem Anfang des Jahres in Straßburg zum Dr. med. promovierten Freund Eugène Boeckel nach Wien, und er *habe viel gute Zeit mit verloren; doch bilde* er sich *dafür ein sie sei gut ausgefallen – und die Société d'histoire naturelle scheint der nämlichen Meinung zu sein.*[348] Im Brief an Gutzkow, der bekanntlich gerade eine reale Gefängnishaft hinter sich hatte, hieß es zur selben Zeit, Anfang Juni, mit ironischer Distanz: *Ich saß a u c h im Gefängnis und im langweiligsten unter der Sonne, ich habe eine Abhandlung geschrieben in die Länge, Breite und Tiefe. Tag und Nacht über der ekelhaften Geschichte, ich begreife nicht, wo ich die Geduld hergenommen.*[349]

Mit dem nunmehr endgültigen Titel *Mémoire sur le système nerveux du barbeau (Cyprinus barbus L.)* war Büchners Untersuchung für die zweite Lieferung des zweiten Teils der «Mémoires de la Société du Muséum d'histoire naturelle de Strasbourg» (Paris und Straßburg: F. G. Levrault 1835) vorgesehen. Diese erschien, in einer Auflage von 300 Exemplaren, erst im Frühjahr 1837. Als Doktordissertation reichte Büchner bei der Philosophischen Fakultät der Universität Zürich vermutlich eine Abschrift der Druckvorlage ein, und am 3. September 1836 beschloß die Fakultät, auf Grund eines «durchaus günstigen» Gutachtens der Professoren Oken, Rudolf Schinz, Karl Löwig und Oswald Heer, dem Antragsteller «die phil. Doktorwürde zu verleihen».[350]

Ursprünglich hatte Büchner bereits im Sommer 1836 in die Schweiz übersiedeln wollen. «Teils die Verzögerung des Drucks der Schrift, teils politische Maßregeln, die damals gegen die Flüchtlinge in der Schweiz ergriffen wurden, bewogen Büchner, seine Übersiedlung nach Zürich noch bis zum Herbste zu verschieben. Die ihm dadurch freigewordene Zeit benutzte er, um sowohl seinen anatomischen Kursus bis zu Ende vorzubereiten, als auch namentlich zur Vervollständigung seiner philosophischen Studien.»[351] An Eugène Boeckel schrieb Büchner am 1. Juni: *Jedenfalls fange ich aber nächstes Wintersemester meinen Kurs an, auf den ich mich jetzt in aller Gemächlichkeit fertig präpariere.*[352] Daß es sich dabei um *einen Kurs über die Entwickelung der deutschen Philosophie seit Cartesius*[353] handelte, geht aus einem Brief an Gutzkow von Anfang Juni 1836 hervor. Noch präziser heißt es in einem Brief vom 2. September 1836: *Ich habe mich jetzt ganz auf das Studium der Naturwissenschaften und der Philosophie gelegt, und werde in kurzem nach Z ü r i c h gehen, um in meiner Eigenschaft als überflüssiges Mitglied der Gesellschaft meinen Mitmenschen Vorlesungen über etwas ebenfalls höchst Überflüssiges, nämlich über die philosophischen Systeme der Deutschen seit Cartesius und Spinoza, zu halten. – … Man braucht einmal zu vielerlei Dingen unter der Sonne Mut, sogar, um Privatdozent der Philosophie zu sein.*[354]

Seit mindestens einem Jahr hatte er sich, wenn auch gegen innere Widerstände, gezielt auf dieses Thema vorbereitet. An Gutzkow schrieb er Ende 1835: *Ich werde ganz dumm in dem Studium der Philosophie; ich lerne die Armseligkeit des menschlichen Geistes wieder von einer neuen Seite kennen. Meinetwegen!*[355]

Büchner strebte also eine Doppelqualifikation an. Sie hätte seine Karrierechancen an der Philosophischen Fakultät, die nach seiner Abwendung von der praktischen Medizin in Frage kam, erhöht. Strategische Gründe waren es aber nicht allein, die ihn dazu bewogen. Wenn stimmt, was Ludwig Büchner – dessen eigene Karriere als Philosoph damals noch nicht abzusehen war – 1850 behauptete, dann gab sein Bruder der Philosophie gegenüber der vergleichenden Anatomie sogar «den Vorzug». Nur weil Eduard Bobrik in Zürich «bereits philosophische Vorlesungen angekündigt hatte … sparte er, um Kollisionen zu vermeiden», den in Briefen angekündigten «Plan für das folgende Sommersemester auf»[356], ließ sich dann aber doch überreden, «über vergleichende Anatomie Vorlesungen zu halten», worin er nach Meinung seines Vaters «am ersten einen festen Fuß fassen» und sich «am ehrenvollsten emporhelfen» konnte.[357]

Philosophiegeschichte stand schon auf dem Lehrplan des Darmstädter Gymnasiasten: Im Winter 1829/30 wurde im Lateinunterricht bei Karl Dilthey «Zeno, der Stifter der Stoiker»[358] besprochen; eine Lektürespur findet sich in der Cato-Rede. Eingehender beschäftigte sich Büchner damit allerdings erst im Rahmen seines Studiums in Gießen. Für das Sommersemester 1834 ist der Besuch der Logik-Vorlesung bei Joseph Hillebrand belegt; sie könnte den Hintergrund für Büchners «vernichtenden, manchmal übermütigen Hohn über Taschenspielerkünste Hegelischer Dialektik und Begriffsformulationen»[359] abgegeben haben, wie er von Ludwig Wilhelm Luck bezeugt wird. Gesichert ist für diese Zeit auch die «Beschäftigung mit der Geschichte der Philosophie»[360]. Möglicherweise besuchte Büchner im Wintersemester 1833/34 bei Hillebrand das Pflichtkolleg Psychologie, einen Kurs über die Lehre von der individuellen Subjektivität von Sokrates über Descartes bis Herbart. In diesem Zusammenhang könnte er erstmals zu Wilhelm Gottlieb Tennemanns elfbändiger «Geschichte der Philosophie» (1798–1819) gegriffen haben, einem weitverbreiteten Handbuch, das zur Hauptquelle seiner drei philosophischen Manuskripte wurde.

Ein intensives Studium ist durch einen Brief an August Stoeber bereits für diese Zeit belegt: *Ich werfe mich mit aller Gewalt in die Philosophie, die Kunstsprache ist abscheulich, ich meine für menschliche Dinge müsse man auch menschliche Ausdrücke finden.*[361] Vermutlich begann Büchner Ende 1833 in Gießen mit Konspekten und Auszügen zur Geschichte der griechischen Philosophie an Hand der drei ersten Bände von Tenne-

Manuskriptseite aus der «Cartesius»-Handschrift. Bei den gestrichenen Anfangszeilen handelt es sich um ein Fragment aus «Leonce und Lena»

manns Standardwerk. Spätestens im Darmstädter Herbst und Winter 1834/35 müssen außerdem Teile der überlieferten Descartes-Ausarbeitung entstanden sein. Für eine Beschäftigung mit dem Werk des Philosophen Spinoza ebenfalls noch in Gießen und Darmstadt sprechen die diversen Reminiszenzen im Revolutionsdrama.

Ludwig Büchner zufolge beschäftigte sich sein Bruder auch im Exil weiter mit Philosophiegeschichte. Möglicherweise erfolgte erst in Straßburg in größerem Umfang die endgültige Zusammenstellung und Ausarbeitung seiner Gießener und Darmstädter Notizen zu der im Nachlaß erhaltenen *Geschichte der griechischen Philosophie,* wozu auch eine Synopse aus historischen und philosophiegeschichtlichen Daten von der Hand Wilhelmine Jaeglés gehört, die sie exakt aus Tennemanns Standardwerk übernahm. Gesichert ist die Weiterarbeit in Straßburg für das Descartes- und, sogar überwiegend, für das *Spinoza*-Skript. Die Arbeit daran geschah, wie Kriterien der erhaltenen Manuskripte und inhaltliche Parallelen beweisen, im engen zeitlichen Umfeld von *Leonce und Lena* und *Woyzeck.*

Büchner hat sich also spätestens in Darmstadt parallel sowohl mit der antiken als auch mit der neuzeitlichen Philosophie befaßt und sich damit ein weiteres «großes Arbeitsfeld erschlossen».[362] Diente der Abriß der griechischen Philosophie wohl ausschließlich privatem Gebrauch, der Fundierung des Allgemeinwissens, so muß die Wahl der «cartesianisch-spinozistischen Systemphilosophie» als «signifikant» und «für die akademische Diskussion der Zeit ungewöhnlich»[363] gelten. Erst recht trifft das für den Plan akademischer Vorlesungen über die beiden Frührationalisten zu. Gutzkow hatte so Unrecht wohl nicht, als er meinte, wenn Büchner mit der gleichen «Ungeniertheit», die er im *Danton* und in seinen Briefen an den Tag gelegt habe, «unter die deutschen Philosophen» trete, müsse das «einen neuen Effekt geben»[364].

Der Charakter der vorliegenden Manuskripte über Descartes und Spinoza ist allerdings unterschiedlich zu bewerten. Während Büchner in der Darstellung von Descartes' philosophischen Prinzipien «nirgends eigentlich über die ‹Selbstverständigung› oder lehrhafte Wiedergabe» hinausgeht[365], bewegt er sich in seinen Spinoza-Studien nach Ansicht Silvio Viettas «methodologisch auf der Höhe der Philosophiegeschichtsschreibung seiner Zeit» und weist in seiner Kritik sogar deutlich darüber hinaus.[366] Hans Mayer zufolge nimmt Büchner inhaltlich die Spinoza-Wertung Ludwig Feuerbachs aus den frühen 1840er Jahren vorweg.[367] Zwar hat Büchner auch diesmal hauptsächlich Tennemanns Philosophiegeschichte zugrunde gelegt und darüber hinaus vielfach Johannes Kuhns 558 Seiten starke Abhandlung «Jacobi und die Philosophie seiner Zeit» (Mainz 1834) zu nutzen gewußt; Inhalt und Stil des Manuskripts sind aber durchaus originär. Für den Philosophen Georg Büchner gilt, daß er «von der Forschung» erst «noch zu entdecken» ist.[368]

«Leonce und Lena» –
Komödie und Kuckucksei

Die Niederschrift einer ersten Version von *Leonce und Lena* wurde angeregt durch die zuerst in der Augsburger «Allgemeinen Zeitung» vom 16. Januar 1836 ausgeschriebene dramatische «Preisaufgabe» des Cotta-Verlags um «das beste ein- oder zweiaktige Lustspiel in Prosa oder Versen». Dafür war immerhin die ansehnliche Summe von 300 Gulden rheinischer Währung ausgelobt[369], das Dreifache des *Danton*-Honorars.

Literarische Wettbewerbe waren auch in damaliger Zeit nichts Ungewöhnliches: eine Generation zuvor hatten Goethe und Schiller eine «Dramatische Preisaufgabe» ausgeschrieben und 30 Dukaten auf die beste Intrigenkomödie ausgesetzt, ohne daß es zur Kürung eines Siegers gekommen wäre.

Abgesehen von Büchners allgemeiner Versicherung im Brief vom 1. Januar 1836, er *bleibe auf dem Felde des Dramas*[370], gibt es von seiner Seite nicht die geringste Andeutung eines Lustspielplans vor Mitte 1836. Am 1. Juni schrieb er an Eugène Boeckel, wenn er die Promotionsgebühren in Zürich *bezahlt habe,* die 160 Franken betrugen, bleibe ihm *kein Heller mehr; schreiben* und damit einiges dazuverdienen *habe* er *die Zeit nichts können.* So müsse er *eine Zeitlang vom lieben Kredit leben und sehen, wie* er sich *in den nächsten 6–8 Wochen Rock und Hosen aus* seinen *großen weißen Papierbogen... schneiden werde*[371] – letzteres eine, wenngleich verhüllte, Anspielung auf seine Beteiligung an Cottas KomödienKonkurrenz. Aus einem Brief Gutzkows vom 10. Juni ist ferner zu ersehen, daß Büchner ihm kurz zuvor von (vermutlich zwei) projektierten Dramen berichtet und diese, offenbar mit ironischem Bezug auf ihm mündlich zugekommene *Danton*-Kritiken, als Ferkeldramen charakterisiert hatte, woraufhin Gutzkow antwortete, von diesen ‹‹Ferkeldramen› erwarte» er «mehr als Ferkelhaftes»[372].

Da der Einsendeschluß für den Lustspiel-Wettbewerb in Abänderung des ursprünglich anberaumten Termins um sechs Wochen verschoben und definitiv auf den 1. Juli festgesetzt worden war, muß die erste (Wettbewerbs-)Fassung von *Leonce und Lena* im wesentlichen binnen vier Wochen entstanden sein, zwischen dem 1. und 30. Juni. Wie Gutzkow später von Wilhelmine Jaeglé erfuhr, war Büchners «schnell hingeworfener»[373] Wettbewerbsbeitrag jedoch erst «zwei Tage nach dem Termin, welchen die J. G. Cotta'sche Buchhandlung... setzte», in Stuttgart eingetroffen[374] und gehörte damit zu den «Spätlingen», die von der Jury «zur Konkurrenz» nicht mehr zugelassen wurden.[375]

Ludwig Büchner ergänzte 1850, daß es Büchners «Trägheit im Abschreiben des Konzepts» war, die ihn «leider die Zeit versäumen» ließ; sein eingesandtes Manuskript erhielt er «uneröffnet zurück»[376]. Als Preisträger wurde unter insgesamt mehr als 60 Einsendungen einstimmig «Die

Klaus Maria Brandauer und Sylvia Manas in Johannes Schaafs
Inszenierung von «Leonce und Lena» bei den Salzburger Festspielen 1975

Vormundschaft» des böhmischen Autorengespanns Wolfgang Adolf Gerle und Uffo Horn nominiert.

Nach dieser Panne bearbeitete Büchner die Wettbewerbsfassung von *Leonce und Lena* noch weiter. Am 2. September 1836 berichtete er der Familie, er sei *gerade daran, sich einige Menschen auf dem Papier totschlagen oder verheiraten zu lassen, und bitte den lieben Gott um einen einfältigen Buchhändler und ein groß Publikum mit so wenig Geschmack, als möglich.* Damit können nur *Woyzeck* (*totschlagen*) und *Leonce und Lena* (*verheiraten*) gemeint gewesen sein. Und anscheinend auf eine Nachfrage aus Darmstadt antwortend, hieß es, ebenfalls im September: *Ich habe meine zwei Dramen noch nicht aus den Händen gegeben, ich bin noch mit manchem unzufrieden und will nicht, daß es mir geht, wie das erste Mal. Das sind Arbeiten, mit denen man nicht zu einer bestimmten Zeit fertig werden kann, wie der Schneider mit seinem Kleid.*[377]

Büchner zog also Konsequenzen aus den Erfahrungen, die er mit *Danton's Tod* gemacht hatte, und ging mit Sorgfalt, aber auch mit der nötigen Gelassenheit ans Werk. Nach einer Mitteilung von Wilhelm Schulz, der sich dabei auf eigenen Augenschein berufen konnte, wurde das Lustspiel erst in Zürich «vollendet»[378].

Abgesehen von einer formalen Umbildung des Ein- oder Zweiakters zu einer dreiaktigen Komödie, womit wohl eine Erweiterung des Umfangs einherging, ist ungeklärt, in welcher Richtung Büchner das Lustspiel weiter bearbeitete. Die Originalmanuskripte sind bis auf drei Bruchstücke verschollen oder wurden bei einem Brand im Darmstädter Elternhaus 1851 vernichtet. Beurteilungsgrundlage sind daher im wesentlichen die beiden postumen Erstveröffentlichungen: Gutzkows auszugsweise Publikation im «Telegraph für Deutschland» (1838) und ein davon im Detail erheblich differierender, sonst aber vollständiger Abdruck innerhalb der von Ludwig Büchner herausgegebenen «Nachgelassenen Schriften» (1850), bei denen es sich um die einzigen authentischen Druckzeugen handelt.

Zumindest die Konzeption der ersten Fassung von *Leonce und Lena* muß

Theaterzettel zur Schwabinger Uraufführung

deutlich von dem Anlaß geprägt gewesen sein, dem sie ihre Ausarbeitung verdankte, Cottas Lustspielwettbewerb. Nicht nur der ausgesetzte Preis, auch die Bedingungen waren verlockend: Die Manuskripte sollten anonym, nur mit einer «Devise» versehen eingereicht werden; dieses Motto wiederholte sich auf einem beigefügten verschlossenen Umschlag, der den Namen und die Adresse des Autors enthielt. Die Identität des Verfassers wurde erst nach der Entscheidung der Jury offenbar, so daß dessen Name, so einseitig vorbelastet er durch frühere Publikationen (oder gar einen Steckbrief) auch gewesen wäre, diese in keiner Weise zu beeinflussen vermochte. Die Anonymität machte Büchners Teilnahme möglich und seine Chancen kalkulierbar. In einer Zeit, in der das literarische Klima von den repressiven Maßnahmen der deutschen Regierungen bestimmt war, schuf Cottas Wettbewerb einen Freiraum, in dem die von den Staatsbehörden gesetzten Schranken aufgehoben waren. Und weil sich der Verlag auch noch zur umgehenden Publikation des prämierten Stücks in der «Allgemeinen Theater-Revue» verpflichtet hatte, war die Chance

Leonce und Lena

Lustspiel von GEORG BÜCHNER, mit Herolds-Versen von
MAX HALBE und FRANZ HELD.

_____

PERSONEN:

König Peter vom Reiche Popo . . .	Ernst v. Wolzogen.
Prinz Leonce, sein Sohn	Max Halbe.
Prinzessin Lena vom Reiche Pipi . .	Anna Gigl.
Valerio	Franz Held.
Rosetta	Rosa Ensinger.
Die Gouvernante	Alice Stoltzenberg.
Der Hofmeister	Oskar Panizza.
Der Präsident des Staatsrathes . . .	Wilhelm Rosenthal.
Der Hofprediger	Oskar Panizza.
Der Landrath	Wilhelm Hegeler.
Der Schulmeister	Eduard Fuchs.
Der Ceremonienmeister	Hans Olden.
Erster Polizeidiener	Max Fels.
Zweiter Polizeidiener	Wilhelm Rosenthal.
Erster Kammerdiener	Max Fels.
Zweiter Kammerdiener	Ludwig Landshoff.
Ein Bauer	Ludwig Scharf.
Volk	Otto Erich Hartleben.
Der Herold	Georg Schaumberg.

_____

Vorher:

Einleitungsworte, gesprochen von Julius Schaumberger.

von «Leonce und Lena» am 31. Mai 1895

gegeben, den Stuttgarter Juroren ein Kuckucksei unterzuschieben; es kam nur darauf an, sie auch zum Ausbrüten zu veranlassen.

Nachdem sich Büchner auf die Bedingungen des Wettbewerbs eingelassen hatte, war er in der Wahl des Genres nicht mehr frei, die Form setzte dem Inhalt Grenzen. Sowohl die strukturelle Anlage als auch Einzelheiten des Dialogs in _Leonce und Lena_ sind daher geprägt von der Komödie der französischen und deutschen (Spät-)Romantik.

Die erste Anregung kam, sicher nicht zufällig, von Brentanos «Ponce de Leon», mit dem sich der Dichter seinerzeit erfolglos an dem Weimarer Lustspielwettbewerb beteiligt hatte; 1829 war eine neue Ausgabe erschienen. Die enge Verwandtschaft mit _Leonce und Lena_ fiel schon Gutzkow auf. Die Figurenkonstellation von Büchners Stück ist von Tiecks «deutschem Lustspiel» «Prinz Zerbino oder die Reise nach dem guten Geschmack» (1799; erneut erschienen 1828) und Alfred de Mussets zweiaktiger Komödie «Fantasio» (1834) übernommen, während es sich bei dem Grundeinfall, die Protagonisten vor der drohenden Zwangsheirat flüchten und dann doch als Liebende zusammenfinden zu lassen, um ein älteres Märchen- und Komödienmotiv handelt. Etwas abgewandelt erscheint es auch in Immermanns Lustspiel «Die Verkleidungen» (1828) und in Eichendorffs Verwechslungskomödie «Die Freier» (1833).

Büchner machte aus der Literarizität des Dialogs wie ganzer Figuren keinen Hehl. Nicht nur leitet sich der Name _Leonce_ deutlich von Brentanos «Ponce de Leon» her, in Tiecks «Zerbino» findet sich auch ein verliebtes Pärchen, Cleon und Lila, «dessen Namen klingen, als hätte es zu Büchners Liebespaar bei einem schwerhörigen Pfarrer die Taufpaten gestanden» (Peter Hacks[379]). Mit ähnlicher Signalwirkung wird in Büchners Komödie angespielt auf (oder offen zitiert aus) Shakespeares «Wie es euch gefällt», «Hamlet» und «Heinrich V.», Laurence Sternes «Tristram Shandy», Goethes «Werther» und Chamissos Gedicht «Die Blinde». Rezeptionssteuernden Charakter haben auch die in der antithetischen *Vorrede* suggerierten italienischen Dramatiker Vittorio Alfieri und Carlo Gozzi, zwei ausgewiesene Komödienautoren.

Das «literarische Zitat» ist das «entscheidende ästhetische Bauprinzip»[380] von Büchners Lustspiel. Man muß deswegen nicht, wie Hans Mayer, mit Bedauern konstatieren: «Alles scheint aus zweiter, wenn nicht dritter Hand»[381]; genau das dürfte Büchners Absicht gewesen sein: ein Cento aus romantischen Versatzstücken, das auf den ersten Blick mindestens ebenso harmlos anmutete wie seine signalisierten Vorbilder.

Hinter den romantischen Elementen und der vordergründig märchenhaften Handlung verbirgt sich jedoch subversive Kunst, eine Kontrafraktur. *Leonce und Lena* ist die Travestie eines romantischen Lustspiels, der ironische Abgesang auf eine überlebte Gattung, die damit auf eben so heitere Weise verabschiedet wurde wie das Ritterepos durch den «Don Quijote». Innerhalb der Gattungsmöglichkeiten ging Büchner, der ein Jahr zuvor seine *Muse* als *verkleideten* Scharfrichter[382] bezeichnet hatte, bis an die äußersten Grenzen des Zumutbaren: In *Leonce und Lena* führte er sein Programm, wenn auch verdeckter als im *Danton* und mit satirischem Gestus, konsequent weiter. Unpathetisch und mit überlegenem Spott demonstrierte er ad hominem die fragwürdige Legitimität des Systems, das er schon im *Hessischen Landboten* attackiert hatte. *Unverletzlich, heilig, souverän, königliche Hoheit*, nenne man den hessischen Landesherrn, hieß es in der Flugschrift. *Aber tretet zu dem Menschenkinde und blickt durch seinen Fürstenmantel.*[383] In der Ankleideszene König Peters wird diese Metapher konkret:

König Peter wird von zwei Kammerdienern angekleidet.

PETER: *...Der Mensch muß denken und ich muß für meine Untertanen denken, denn sie denken nicht, sie denken nicht. – Die Substanz ist das an sich, das bin ich. (Er läuft fast nackt im Zimmer herum.) Begriffen? An sich ist an sich, versteht Ihr? Jetzt kommen meine Attribute, Modifikationen, Affektionen und Akzidenzien, wo ist mein Hemd, meine Hose? – Halt, pfui! der freie Wille steht davorn ganz offen. Wo ist die Moral, wo sind die Manschetten? Die Kategorien sind in der schändlichsten Verwirrung, es sind zwei Knöpfe zuviel zugeknöpft, die Dose steckt in der rechten Tasche. Mein ganzes System ist ruiniert. – Ha, was bedeutet der Knopf im Schnupftuch? Kerl, was bedeutet der Knopf, an was wollte ich mich erinnern?*

Wie sich später zeigt, wollte sich König Peter *an* sein *Volk erinnern.*[384]

Doch obgleich im *Königreich Popo* die jüngste Vergangenheit des Großherzogtums Hessen gegenwärtig wird, ist *Leonce und Lena* keine

«Leonce und Lena»-Inszenierung des Guthrie Theater in Minneapolis, Minnesota, 1987

auf Entlarvung zielende Schlüssel-Komödie, keine Satire auf Hessen-Darmstadts Herrscherhaus. Das wäre zu kurz gegriffen. Büchner wollte keine spezifischen Darmstädter Zustände persiflieren, er hatte auf viel umfassendere Weise das spätabsolutistische System im Visier.

Die Kritik liegt indessen nicht offen zutage, sie wird nicht von den handelnden Figuren geäußert, allenfalls in Form eines Sarkasmus, wie ihn der (den unteren Einkommensgruppen zuzurechnende) Schulmeister, auf sich und ‹seine› Bauern bezogen, äußert: *Wir geben aber auch heut abend einen transparenten Ball mittelst der Löcher in unseren Jacken und Hosen, und schlagen uns mit unseren Fäusten Kokarden an die Köpfe.*[385] Büchner liefert nur «Zitate aus der Welt einer anachronistisch gewordenen Feudalklasse», stellt «nur Oberflächenphänomene dar». Dem «eigentlichen, sozialen Gehalt» muß sich «der Rezipient ... durch Schlußfolgerungen nähern»[386]. Die Realität ist hier die Satire.

Die Möglichkeit einer Revolution von unten war für Büchner, als er *Leonce und Lena* schrieb, in weite Ferne gerückt, ohne daß er seine Hoffnungen auf eine Selbstbefreiung der Ausgebeuteten je aufgegeben hätte. Vermutlich im März/April 1835 schrieb er an seinen Bruder Wilhelm, er habe sich *seit einem halben Jahre vollkommen überzeugt, daß nichts zu tun* sei, *und daß jeder, der im A u g e n b l i c k e sich aufopfert, seine Haut wie ein Narr zu Markte* trage.[387] Die Opposition war zu zerstritten und das restaurative System zu stabil, als daß die heroische Tat eines einzelnen zum revolutionären Fanal hätte werden können. Büchner zeigt daher in *Leonce und Lena* eine zwar skurrile und erschöpfte, aber nichtsdestoweniger stabile Welt des Spätabsolutismus. Das Königreich Popo scheint der Gefahr einer Revolution zwar nicht enthoben, aber doch entrückt. Selbst der clevere Clown Valerio setzt seine Intelligenz so ein, daß das System nicht auf seine Kosten ruiniert wird. Der wahre Parasit kümmert sich eben auch um das Wohl seines Wirts.

Gleich die ersten Leser des Lustspiels haben dessen politische Anspielungen, «kecke Laune» und «frostigen… Späße»[388] begriffen. Am schärfsten hat dann Hans Mayer formuliert, die «Grundstimmung» von *Leonce und Lena* sei «nicht fröhlicher Mutwillen oder heiter lächelnder Spott, sondern Haß»[389]. *Ich habe freilich noch eine Art von Spott, es ist… der des Hasses*[390], schrieb Büchner im Februar 1834 in einem Brief an die Familie. Und diesem Haß war in *Leonce und Lena* lediglich die Maske Thalias vorgebunden. Die vorschriftsmäßige Lesart lieferte der Autor gleich mit, in der Vor-Schrift, der *Vorrede* seines Lustspiels, jenem assoziationsreichen Wortspiel, das Büchner Alfieri und Gozzi in den Mund legte: Und der Ruhm? Und der Hunger? (*E la fama?/E la fame?*) Die von seinen dichtenden Kollegen kaum gestellte ‹Magenfrage› liegt auch Büchners ‹komischer› Dichtung zugrunde. Ende November 1835 hieß es in einem Brief an Gutzkow sarkastisch: *Wenn man sich nur einbilden könnte, die Löcher in unsern Hosen seien Palastfenster, so könnte man schon wie ein König leben, so aber friert man erbärmlich.*[391] Und an Boeckel schrieb er am 1. Juni 1836, sozusagen am Vorabend seines Lustspiels: *Ich meine… die Tour durch unsere teutschen Staaten müßte einem ganz wütend machen.*[392]

Der Wut über die deutschen Verhältnisse widerspricht nicht, daß die Protagonisten in *Leonce und Lena* mitunter auch sympathische Züge aufweisen oder sich klug und tiefgründig zu existentiellen Problemen äußern. Aber letztlich verfolgt selbst der kecke Valerio, trotz plebejischer Umgangsformen und bäuerlicher Scharfsinnigkeit, doch nur die Durchsetzung seiner eigenen egoistischen Ziele, konkret die Übernahme des Staatsministeriums. Wie er mit seinesgleichen dann umgehen wird, setzt er selbst in Szene:

VALERIO: *Der arme Teufel Valerio empfiehlt sich Sr. Exzellenz dem Herrn Staatsminister Valerio von Valeriental. – ‹Was will der Kerl? Ich kenne ihn nicht. Fort Schlingel!›*[393]

Selbstverständlich hat *Leonce und Lena* auch «ernste Partien»[394], trägt Leonce, wie noch manch andere Figur im Stück, Züge Büchners. Keine der Hauptpersonen ist «Objekt reiner Satire»[395]: die Titelhelden nicht, weil Büchner sie beide als Opfer der Staatsräson erscheinen läßt, und Valerio nicht, weil dieser vormärzliche Sancho Pansa mit seinen frechen Sprüchen zu oft den Nagel auf den Kopf trifft und seinem blaublütigen Herrn-Freund die Wahrheit auch ins Gesicht zu sagen wagt. Die Frage ist nur, ob Büchner die Ansichten seines Prinzen teilt oder ob Büchner lediglich eigene Konflikte und Stimmungen auf ihn projiziert, damit die Figur lebensecht und glaubwürdig wird, ohne deswegen allen Regungen und Gefühlen seiner Schöpfung ungeteilte Sympathie entgegenzubringen. Ebensogut ließe sich von einer Bannung oder ‹Ausscheidung› des als problematisch oder unzweckmäßig Erkannten sprechen. Am Ende des Stücks steht ja fest, daß eine der ersten Amtshandlungen des *Erbprinzen* und der *Erbprinzessin* darin bestehen wird, umgehend *für einen anderen Erbprinzen Rat zu schaffen*, wie es im *Landboten* heißt, damit sich die *göttliche Gewalt* weiter vererben kann und das *übermenschliche Geschlecht*[396] derer von Popo nicht ausstirbt. Wie können da Leonce, Lena und Valerio mehr als nur gelegentliche Sympathieträger sein?

Auch der *Müßiggang*[397] des Bohème-Prinzen Leonce kann nicht mit dem Lenzens, Dantons und ihres Schöpfers Büchner auf eine Stufe gestellt werden. Langeweile war für Büchner das Charakteristikum der bürgerlichen Gesellschaft, der er als positives Gegenbild rousseauistisch das *gesunde, kräftige Volk*[398] gegenüberstellte. Anfang Juni, als er eben mit der Niederschrift des Lustspiels begonnen hatte, schrieb er an Gutzkow: *Ich glaube, man muß… die abgelebte moderne Gesellschaft zum Teufel gehen lassen. Zu was soll ein Ding, wie diese, zwischen Himmel und Erde herumlaufen? Das ganze Leben derselben besteht nur in Versuchen, sich die entsetzlichste Langeweile zu vertreiben. Sie mag aussterben, das ist das einzig Neue, was sie noch erleben kann.*[399]

Prinz Leonce demonstriert die Probleme eines Bewohners des Schlaraffenlandes, die Müdigkeit eines Repräsentanten der *nach allen Richtungen abgekitzelten Klasse*[400] feudaler Müßiggänger, er «leidet», wie Julian Schmidt als Zeitgenosse treffsicher erkannte, offensichtlich «an der Modekrankheit des Spleens und der Blasiertheit»[401]. Büchners Langeweile dagegen war die Atempause zwischen zwei Gewaltanstrengungen. Die Abschaffung der Arbeit, wie Valerio sie gleich zu Beginn seiner Tätigkeit als Staatsminister dekretieren will, war gewiß nicht Büchners positive Utopie, der als radikaler Egalitarist die gerechte Verteilung der gesellschaftlichen Produktion und Konsumtion anvisierte.

«Woyzeck» – Aus dem Leben des Geringsten

Nach dem Revolutionär Danton, dem Dichter Lenz und dem Prinzen Leonce rückte Büchner mit dem Soldaten Woyzeck, der im Zustand physischer wie psychischer Zerrüttung seine Geliebte ersticht, einen ‹Massencharakter› ins Zentrum seiner Dichtung. Woyzeck besitzt weder das

Charisma des revolutionären Agitators noch die Aura des sensiblen Künstlers und auch nicht den diskreten Charme des spleenigen Thronfolgers. Er repräsentiert jene *erbärmliche Wirklichkeit*, von der Camille Desmoulins im Revolutionsdrama sarkastisch sagt, daß das Theaterpublikum *weder Augen noch Ohren dafür* habe.[402]

Büchner war da anderer Ansicht. *Man versuche es einmal und senke sich in das Leben des Geringsten und gebe es wieder, in den Zuckungen, den Andeutungen, dem ganzen feinen, kaum bemerkten Mienenspiel.*[403] Dieses künstlerische Programm, das Büchner seinem Lenz in den Mund legte, hat er in seinem Trauerspielfragment realisiert, *Woyzeck* ist die «angewandte Theorie» aus *Lenz*.[404]

Woyzeck ist nicht die erste deutsche Sozialtragödie, aber der Füsilier Franz Woyzeck ist die erste subbürgerliche Hauptfigur in der Geschichte des deutschen Dramas, seine Biographie, die Büchner aus zwei Prozeßgutachten kannte, ein Musterbeispiel für die ökonomische Deklassierung eines Handwerksgesellen zu Beginn des 19. Jahrhunderts. Lediglich die Mordkatastrophe machte Woyzeck zur spektakulären Variante eines kollektiven sozialen Schicksals.

Die düstere Massenarmut, die zum 19. Jahrhundert ebenso gehört wie Dampfmaschine und Eisenbahn, Agrikulturchemie und Telegraph, ist «Fundament und tragischer Grund»[405] des *Woyzeck*. In jeder Szene ist Woyzecks soziale Notlage gegenwärtig und greifbar: in den wenigen Habseligkeiten, die er kurz vor der Tat an seinen Stuben- und Bettgenossen Andres verschenkt, ebenso wie in der Möblierung von Maries Wohnung: Ihr Kind hat weder Bett noch Wiege, Marie besitzt nur *ein Stückchen* von einem Spiegel.[406] Über dem Stück liegt eine dumpfe «soziale Werktagsatmosphäre»[407]. In der Darstellung von Armut und entfremdeter, körperlicher Arbeit gelangte Büchner auf eine Stufe der Konkretion, wie sie im Drama erst Jahrzehnte später wieder erreicht wurde. Der Arbeitsalltag im Zeitalter der Frühindustrialisierung hatte eben erst Eingang in die erzählende Literatur gefunden.[408]

War schon die Stoffwahl revolutionär, so gilt dies erst recht für den Verzicht auf die übliche hohe Tragödiensprache. Gegenüber dem ‹rhetorischen› Drama *Danton's Tod* ist *Woyzeck* mit einer Schlichtheit geschrieben, zu der nur ein Autor fähig ist, der alle Bravour schon bewiesen hat. Die Dichtungssprache ist geprägt von einem «Ideal der Einfachheit»[409]. Auch dramaturgisch verzichtete Büchner auf jedes Pathos: Die einzelnen Szenen sind nur «Ausrisse ... eines Geschehens», haben den Charakter von «Momentaufnahmen»[410], und sind häufig lediglich metaphorisch miteinander verklammert. «In der gleichzeitigen stilistischen und inhaltlichen Revolution liegt die absolute Einmaligkeit des *Woyzeck*-Fragments.»[411]

Als Sohn eines Bezirksarztes war Büchner häufig mit Bildern des Elends, materieller Not und psychischer Verzweiflung, wie auch der dar-

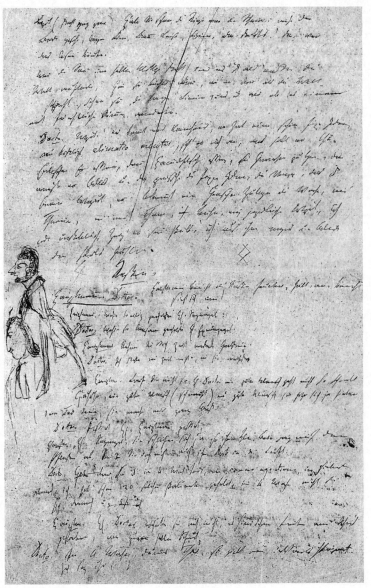

Manuskriptseite aus den «Woyzeck»-Handschriften

aus resultierenden Gewalttätigkeit konfrontiert, das *Leben der Gering-sten* ihm daher von klein auf vertraut. Büchners Dichtungen und Briefe bewahren überall ihre Lebensspuren: städtische Plebejer, nicht selten an der Schwelle zum Alkoholismus oder zur Verrücktheit, deren Leben *Mord durch Arbeit*[412] ist, zerlumpte Bauern, Kleinkrämer, Handwerks-burschen, Kutscher, Dienstboten, Wärter, Stiefelputzer, Prostituierte, Schausteller, Soldaten, Scharfrichter, Bettler, Kleinkriminelle. Und ob-gleich Herkunft und Bildung den Sohn eines Medizinalrats diesem Mi-lieu hätten entfremden müssen und er es, wie Wilhelm Schulz formulierte, «bei aller Freundschaft für das Volk... kaum so leicht wie Prinz Heinrich gelernt haben [würde], ‹mit jedem Kesselflicker in seiner eigenen Sprache zu trinken›»[413], waren ihm *Hochmut und Verachtung Geistesarmer und Ungelehrter* dennoch fremd. Er wußte, daß das Schicksal des einzelnen in erheblichem Maß sozial determiniert war: Es liege *in niemands Gewalt... kein Dummkopf oder kein Verbrecher zu werden, weil wir durch gleiche Umstände wohl alle gleich würden, und weil die Umstände außer uns lie-gen*[414]. Die Frage aus dem ‹Fatalismusbrief›, was es sei, das *in uns lügt, mordet, stiehlt*[415], beantwortet Büchner im *Woyzeck* mit dem Hinweis auf die *Umstände*, die ‹Verhältnisse›, die soziale Zwangslage.

Solidarisches Empfinden mit dem *von materiellen Bedürfnissen ge-quälten Sein*[416] bestimmte auch Büchners politische Praxis. Jetzt im Exil war er diesen Lebensumständen noch näher gerückt. Am 1. Januar 1836 schrieb er aus Straßburg an die Familie: *Ich komme vom Christkindels-markt, überall Haufen zerlumpter, frierender Kinder, die mit aufgerisse-nen Augen und traurigen Gesichtern vor den Herrlichkeiten aus Wasser und Mehl, Dreck und Goldpapier standen. Der Gedanke, daß für die mei-sten Menschen auch die armseligsten Genüsse und Freuden unerreichbare Kostbarkeiten sind, machte mich sehr bitter.*[417] Es ist diese Bitterkeit, die *Woyzeck* geprägt hat.

Hintergrund war ein Kriminalfall, der seinerzeit große Beachtung fand, nicht auf Grund der Tatumstände, sondern wegen der teils öffent-lich geführten Diskussion um die Zurechnungs- und damit Straffähigkeit des Täters. Im Sommer 1821 erstach in Leipzig der einundvierzigjährige stellungslose Perückenmachergeselle Johann Christian Woyzeck seine gelegentliche Geliebte, die sechsundvierzigjährige Witwe Johanna Chri-stiane Woost. Der Festnahme des Täters folgten die üblichen Ermittlun-gen und Verhöre und auf Antrag von Woyzecks Verteidiger eine gerichts-ärztliche Untersuchung durch den Leipziger Stadtphysikus, Hofrat Prof. Dr. Johann Christian August Clarus (1774–1854).

Die Vernehmung durch den zuständigen Kriminalrichter wie auch fünf kürzere Unterredungen mit dem psychiatrischen Gutachter offenbarten die ganze Misere dieses Menschen, der zuletzt dauerarbeitslos und, «weil er kein Schlafgeld bezahlen» konnte, auch obdachlos gewesen, «im Felde und an den einsamsten Orten umhergestrichen» war, «bis ihn der Hunger dann und wann in die Stadt» trieb, wo er entweder eine Mahlzeit oder ein Almosen erbettelte. Auch unmittelbar vor der Tat hatte er «mehrere Nächte unter freiem Himmel zugebracht».

Hinzu kam eine seit etwa zehn Jahren andauernde und von mehreren Zeugen bestätigte «Veränderung im Gemütszustande»: depressive Schübe, optische und akustische Halluzinationen, Anzeichen von Verfolgungswahn. Hofrat Clarus ließ jedoch weder diese von ihm selbst in Erfahrung gebrachten psychischen Auffälligkeiten noch die soziale Notlage des Täters als schuldmindernd gelten. In seinem Gutachten räumte er zwar ein, daß Woyzeck gelegentlich «das Subjektive mit dem Objektiven verwechselt habe», insgesamt sah er jedoch den «freien Verstandesgebrauch» und die «Willensfreiheit» zu keinem Zeitpunkt eingeschränkt oder aufgehoben: Die «über die

I. C. WOYCECK.
geboren in Leipzig Ao: 1780.

Johann Christian Woyzeck (1780–1824). Federlithographie, 1824

gegenwärtige körperliche und geistige Verfassung des Inquisiten angestellten Beobachtungen» hätten nichts erbracht, was «auf das Dasein eines kranken, die freie Selbstbestimmung und die Zurechnungsfähigkeit aufhebenden Seelenzustandes zu schließen berechtige». Sein Gesamteindruck war der eines «im hohen Grade kalt und gefühllos» handelnden Täters, der durch eigene Schuld und Schwäche, «durch ein unstetes, wüstes, gedankenloses und untätiges Leben von einer Stufe der moralischen Verwilderung zur andern herabgesunken, endlich im finstern Aufruhr roher Leidenschaften, ein Menschenleben zerstörte».

Woyzecks Verantwortung stand für Clarus fest und damit auch die Notwendigkeit einer «strafenden Gerechtigkeit» und öffentlichen Sühne, der «heranwachsenden Jugend» Leipzigs zur Mahnung, «daß Arbeitsscheu, Spiel, Trunkenheit, ungesetzmäßige Befriedigung der Geschlechtslust und schlechte Gesellschaft, ungeahnt und allmählich zu Verbrechen und zum Blutgerüste führen können»[418].

Auf Grund des Clarus-Gutachtens wurde Woyzeck im Herbst 1821 wegen Mordes zum Tode verurteilt. Zweifel an der Schuldfähigkeit des Tä-

Woyzecks Hinrichtung am 27. August 1824 in Leipzig.
Federlithographie von Christian Gottfried Heinrich Geißler (Ausschnitt)

ters führten zwar zu neuerlichen Untersuchungen, Gutachten und Stellungnahmen und sogar zu einer Neueröffnung des Verfahrens, doch nach dreijähriger Prozeßdauer wurde Woyzeck schließlich am 27. August 1824 auf dem Marktplatz zu Leipzig «mit dem Schwerte»[419] hingerichtet.

Die Diskussion um die «Zurechnungsfähigkeit des Mörders Johann Christian Woyzeck» beschäftigte die wissenschaftliche Öffentlichkeit noch auf Jahre. Clarus selbst war im August 1824 mit dem Druck seines Gutachtens vorausgegangen, das anschließend erneut in der Erlanger «Zeitschrift für die Staatsarzneikunde» (Viertes Ergänzungsheft, 1825, S. 1–97) erschien, wo Clarus ein Jahr später auch sein «früheres Gutachten ... über den Gemütszustand des Mörders Joh. Christ. Woyzeck» veröffentlichte (Fünftes Ergänzungsheft, S. 129–149). Beide Texte, die zur Hauptquelle seines Dramenkonzepts wurden, kannte Büchner vermutlich durch seinen Vater, der in den 1820er Jahren in der Erlanger Zeitschrift zwei medizinische Abhandlungen publiziert hatte. 1825 veröffentlichte er dort ein psychopathologisches Gutachten, das sich mit dem «Gemütszustand eines Soldaten im Augenblick seines Vergehens im Dienste durch tätliches Vergreifen am Vorgesetzten» beschäftigte. Auch im Fall dieses Darmstädter Soldaten, der in einer Dienstpause von seinem Wachoffizier aus dem Schlaf gerissen worden war und schlaftrunken mit dem Säbel nach diesem gehauen hatte, ging es um die Zurechnungsfähigkeit. Gerade im Anschluß an dieses Gutachten, das übrigens zum Freispruch des Angeklagten und zur Verurteilung des angegriffenen Unteroffiziers (wegen Provokation seines Untergebenen) zu vierzehntägigem «scharfen Arrest»[420] geführt hatte, könnte sich Ernst Büchner kompetent genug gefühlt haben, aus seiner Perspektive den Fall Woyzeck zu beurteilen, wobei indes offen bleibt, ob er zu einem von Clarus' Befund abweichenden Ergebnis kam. Jedenfalls mußte der Fall Woyzeck zum Vergleich herausfordern, zumal Dr. Büchner dessen von Clarus mitgeteilter Biographie entnehmen konnte, daß der Leipziger Delinquent 1806/07 im gleichen holländischen Regiment Dienst getan hatte wie er selbst, damals als zwanzigjähriger Sanitätsgehilfe. Aus demselben Grund wird sich der Name Woyzeck auch bei seinem Sohn Georg tief eingeprägt haben.

Anlaß für die mehr als zehn Jahre später erfolgte Wiederbeschäftigung mit dem Fall könnte eine Veröffentlichung des Advokaten und führenden Darmstädter Liberalen Philipp Bopp, «Zurechenbarkeit oder nicht?», wiederum in der «Zeitschrift für die Staatsarzneikunde» (2. Vierteljahresheft 1836, S. 378–398) gewesen sein. Sie bezog sich auf den Fall des Leinewebers Johann Dieß, der 1830 seine Geliebte erstochen hatte und zu einer Zuchthausstrafe verurteilt worden war. «In den Ansichten Bopps konnte Büchner seine eigenen wiederfinden»[421], die Lektüre der von Bopp im Frühjahr 1836 veröffentlichten «Aktenstücke und Verhandlungen» könnte den Plan einer sozialen Tragödie initiiert haben. Obendrein enthielt der Aufsatz einen Hinweis auf den Fall Woyzeck. Zwei weitere Anmerkungen in Bopps Mitteilungen konnten Büchner dann zu dem Mordprozeß Schmolling führen, der als weitere Quelle für Büchners Drama erwogen wird, weil die näheren Tatumstände stark an den von Büchner in seinem Dramenfragment skizzierten Mordverlauf erinnern. Der Tabakspinnergeselle Daniel Schmolling hatte 1817 bei Berlin seine Geliebte ermordet und war dafür nach eingehender psychiatrischer Untersuchung zu einer Zuchthausstrafe verurteilt worden, gegen das Votum des Kammergerichts, das maßgeblich von E. T. A. Hoffmann als zuständigem Referenten des Kriminalsenats formuliert worden war.

Woyzeck ist kein Dokumentarstück, keine «dramatische Rekonstruktion eines authentischen Falls»[422], auch wenn der Name des Täters aus der Hauptquelle übernommen wurde. Denn dieser Name «ist schon ein Bild. Man denkt sich fast von vornherein einen bedrückten, armseligen Kerl»

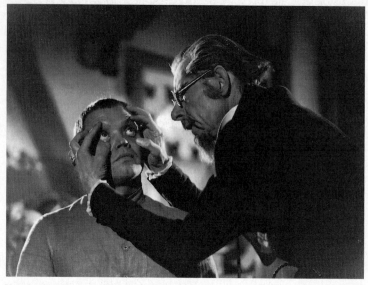

Kurt Meisel (Woyzeck) und Paul Henckels (Doktor)
in Georg C. Klarens «Wozzeck»-Film von 1947

(Wilhelm Hausenstein[423]). Gerade der höheren dramatischen Wirklichkeit wegen hat Büchner die Biographie Woyzecks mit Einzelheiten aus den beiden anderen Mordfällen sowie weiteren, teils selbst erlebten, teils auf andere Weise in Erfahrung gebrachten Tatsachen verschmolzen. Insgesamt weicht *Woyzeck* ganz erheblich von den Lebensumständen des historischen Johann Christian Woyzeck ab.

Den verabschiedeten Frontsoldaten aus Leipzig verwandelt Büchner in einen hessischen Infanteristen, einen *geschworenen Füsilier*[424]. Er verlegt Woyzecks Wirkungskreis also ins Soldatenmilieu. Aus dem ledigen Obdachlosen wird ein kasernierter Familienvater im «Quasi-Ehestand»[425], dessen Verehelichung am fehlenden Mindestvermögen scheitert, womit das Stück zugleich der «Gefühlsatmosphäre des bürgerlichen Trauerspiels» näherrückt.[426]

Den arbeitslosen Friseur macht Büchner zu einem vielbeschäftigten, arbeitsüberlasteten Liniensoldaten, *unterste Stufe von menschliche Geschlecht*[427], wie im Drama ein Schausteller sagt. Während der historische Woyzeck wegen seines desperaten Zustands keine Arbeit mehr findet, kompensiert Büchners Woyzeck seine «soziale Notlage» mit Arbeit rund um die Uhr, hetzt «von einem Erwerb zum anderen».[428]

Vor allem aber fügt Büchner der Dauerbelastung des entwürdigenden und aufreibenden Soldatenalltags den Menschenversuch hinzu, läßt er

Woyzeck aus Not zum Objekt der medizinischen Wissenschaft werden. Was ihn und seine Familie am Leben halten soll, ruiniert ihn gleichzeitig. Woyzecks Wahn, mit dem wir bereits in der ersten Szene des Fragments konfrontiert sind, und hinter dem sich nichts anderes verbirgt als die grellen Krankheitssymptome einer Psychose, erhält auf Grund seiner «neunzigtägigen Erbsendiät»[429], zu der er sich vertraglich verpflichtet hat, und in Verbindung mit der alltäglichen Arbeitshetze eine rationale Begründung: Dem Druck der Umstände, denen er durch die Dürftigkeit seiner Existenz unweigerlich ausgeliefert ist, muß Woyzeck schließlich erliegen. Der Schock, den ihm die Untreue seiner Geliebten versetzt, stößt ihn «über eine Grenzlinie», der «Damm der Bewußtseinskontrolle bricht».[430]

Der Eifersuchtsparoxysmus mündet in die Mordkatastrophe, aber der Wahnsinn «läßt die Schuldfrage nicht aufkommen»[431]. Büchner zeigt, daß Woyzecks ‹Verbrechen› ein soziales Verbrechen a n Woyzeck vorausgeht. Im selben Maß, wie er den Täter entlastet, weist er den Peinigern in seiner Umgebung Schuld zu. Dabei ist es sicher kein Zufall, daß es in Büchners Drama die staatstragenden Institutionen Militär und Wissenschaft sind, als deren Vertreter der Hauptmann und der Doktor, zwei «moralisierende Zuchtmeister»[432], Woyzeck demütigen und ausbeuten: Über das Soldatenmilieu war Büchner durch seinen Vater, der immerhin rund fünf Jahre als Sanitätsgehilfe und Armeechirurg an den Napoleonischen Feldzügen teilgenommen hatte, und durch seinen Onkel, den Leutnant Georg Reuß, genau unterrichtet; Tuchfühlung mit dem Offiziersstand vermittelten ihm die Darmstädter Cousins der Mutter in hohen militärischen Rängen. Die Experimente, Analysen und Vorführungen des Doktors spiegeln Erfahrungen, wie sie Büchner als Student der Medizin und Naturwissenschaften gemacht hatte. Können die Erinnerungen seines Gießener Kommilitonen Karl Vogt belegen, daß Büchner sich für seine Doktor-Figur von charakteristischen Formulierungen und grotesken Demonstrationen des dortigen Lehrstuhlinhabers und ‹Universalgelehrten› Wilbrand inspirieren ließ [433], so verweist das fanatische Interesse des Doktors an der Analyse von Woyzecks Urin auf die entsprechenden physiologischen Untersuchungen, die Justus Liebig und seine Mitarbeiter in Gießen in den 1830er Jahren anstellten. Darüber hinaus kann die Figur in manchen Einzelzügen wohl auch als Porträt des Leipziger Gutachters Clarus gelesen werden, dessen Selbstgefälligkeit sicher in besonderer Weise Büchners Widerspruch herausforderte. Allerdings ging es Büchner kaum um eine persönliche Abrechnung, wofür er sich enger an die ihm zugänglichen Dokumente hätte halten müssen, sondern um eine generelle Kritik an der Klassenjustiz und ihren Helfershelfern unter den Kriminalpsychiatern. Sein Wille zur Typisierung ist schon daran abzulesen, daß er Hauptmann und Doktor namenlos, nur unter ihren Dienstbezeichnungen in Erscheinung treten läßt.

Der historische Ort des Fragments ist eine Stadt mittlerer Größe mit Universität und Garnison, Universitätsangehörigen und Militärs, jüdischem Kleinhandel und Angehörigen der Unterschicht, wobei Büchner Erfahrungen aus Gießen und Darmstadt, aber auch aus der Festung Straßburg zusammenführte. So geht die Figur des Barbiers, der sich in der ersten Szenengruppe als ein *lebendiges Skelett*[434] vorstellt, auf den Auftritt von Claude-Ambroise Seurat zurück, der im Sommer 1835 in Straßburg Sensation machte, als öffentliche spektakuläre Vorführung eines «lebenden Skeletts, eines furchtbar abgezehrten und abgemagerten Mannes in den Deißigern»[435].

Wohl nur die wenigsten «solcher aus dem Leben geschöpften Züge lassen sich ... direkt nachweisen»[436], denn das würde voraussetzen, auch die Biographie etwa von Büchners Gießener *Stiefelputzer*[437] zu kennen, und daran ist nicht zu denken. Dennoch kann bereits auf Grund der vorliegenden Nachweise Friedrich Sengles Auffassung korrigiert werden, wonach in *Woyzeck* «die intuitive Darstellung dominiert», ohne daß man deshalb gleich von einem – von Sengle ebenfalls bestrittenen – «Naturalismus des Notizbuches»[438] auszugehen hätte.

Gegenüber den ‹realen› Quellen sind die literarischen Einflüsse marginal. Am deutlichsten faßbar sind sie noch in den hessischen und elsässischen Volksliedern und Abzählreimen, die «dem Stück etwas von der düsteren Einfalt der Volksdichtung, die Stimmung einer alten schaurigen Ballade» geben. Einige Reminiszenzen verweisen auf Lenz' «Soldaten» als «erstes vages Vorbild»[439] sowie auf dessen «Hofmeister». Gutzkow lag so falsch nicht, als er 1875 *Woyzeck* entstehungsgeschichtlich mit Büchners Lenz-Studien in Verbindung brachte. Für zwei Szenen mit Marie bildete offensichtlich die Gretchen-Tragödie im ersten Teil des «Faust» das entsprechende Modell. Darüber hinaus ist die Figur des Doktors sichtlich von Jean Pauls Dr. Sphex (aus dem «Titan») inspiriert, der mit einer wissenschaftlichen Abhandlung Furore machen will und zu diesem Zweck per «Kontrakt» eine Versuchsperson an sich gebunden hat, die er gnadenlos für sich beansprucht.

Briefliche Andeutungen und Kriterien der erhaltenen Handschriften rücken die Arbeit an den *Woyzeck*-Manuskripten in die Zeit zwischen Anfang Juni und Mitte Oktober 1836. Eine Weiterarbeit in Zürich ist zwar nicht belegt, aber auch nicht auszuschließen. Büchners Tod verhinderte die Vollendung seiner sozialen Tragödie. Bei den überlieferten titellosen Fragmenten handelt es sich um drei verschiedene Szenengruppen und ein Blatt mit zwei Einzelszenen, das vermutlich die jüngste Entstehungsstufe spiegelt. Jeder Versuch, daraus eine sakrosankte Dramenfassung herzustellen, täuscht eine Verbindlichkeit vor, die den Manuskripten nicht innewohnt. Büchner hinterließ ein ‹work in progress›; wie dieses letztlich ausgesehen hätte, wissen wir nicht: Aus der erhaltenen vollständigen Handlungsskizze in der frühesten Szenengruppe ist jedenfalls nicht ohne weiteres auf die Schlußfassung zu schließen.

Die *Woyzeck*-Manuskripte wurden nach Büchners Tod in seinem

Nachlaß entdeckt und als «beinahe vollendetes Drama»[440] identifiziert, auf dessen Existenz Wilhelmine Jaeglé wenig später auch Karl Gutzkow hinwies, der die Herausgabe von Büchners gesammelten Schriften übernehmen wollte. Gutzkow bekam die Handschriften jedoch auf Grund der zwischenzeitlichen Intervention von Büchners Familie nicht ausgehändigt, in deren Besitz sie dann spätestens 1850 übergingen. 25 Jahre danach erhielt Karl Emil Franzos von Ludwig Büchner den gesamten Nachlaß zu Editionszwecken. Das bis dahin ungedruckte Dramenfragment galt Franzos als wertvollstes Manuskript und wurde von ihm sogleich transkribiert. Auszüge aus der von ihm hergestellten Fassung veröffentlichte er Ende 1875 im Rahmen einer Essayserie in einer großen Wiener Tageszeitung, drei Jahre später brachte eine Berliner Literaturzeitschrift den vollständigen Text, wie er dann auch in Franzos' Ausgabe von Büchners «Sämtlichen Werken» (1879) erschien. Als Titel wählte er den Namen der Hauptgestalt, den er fälschlich als «Wozzeck» entziffert hatte.

Nachdem es um zwei Generationen verspätet auftauchte, wurde «Wozzeck» (ab 1920 *Woyzeck*) zu einem der beachtetsten, meistgespielten und auch künstlerisch folgenreichsten Dramen der Weltliteratur, bewundert und produktiv rezipiert bis auf den heutigen Tag: «DIE WUNDE HEINE beginnt zu vernarben, schief; WOYZECK ist die offene Wunde.» (Heiner Müller[441])

Der Asylant

Zur Einreise in die Schweiz benötigte Büchner ein Visum der französischen Behörden, das wiederum nur erteilt wurde, wenn man eine Aufenthaltsberechtigung der Schweizer Polizei vorweisen konnte. Auf diesen Modus hatten sich die beiden Staaten nach langen diplomatischen Verhandlungen geeinigt. Mit einem Führungszeugnis, das ihm der für seinen Wohnbezirk zuständige Straßburger Polizeikommissar tags zuvor ausgestellt hatte, wandte sich Büchner am 22. September 1836 von Straßburg aus an Johann Jakob Hess (1791–1857), den Vorsitzenden des Großen Rats des Kantons Zürich und Präsidenten des Polizeirats, der zusammen mit Melchior Hirzel auch die Stelle eines Bürgermeisters (Regierungspräsidenten im Kanton) versah. Hess hatte mit dafür gesorgt, daß die Lehrstühle der 1833 gegründeten Universität Zürich durchweg mit fortschrittlichen deutschen Akademikern und die Dozentenstellen teilweise mit politischen Exulanten besetzt worden waren, und er setzte sich auch persönlich für manchen Flüchtling ein, der in den 1830er Jahren in der Schweiz um Asyl nachsuchte.

Büchners Antrag auf die von den Straßburger «Behörden verlangte Autorisation»[442] wurde stattgegeben. Bereits am 28. September bescheinigte Hess «auf Ansuchen des Herrn Georg Büchner von Darmstadt,

Doktor der Philosophie, daß keine Hindernisse obwalten, dem genannten Büchner in seiner Eigenschaft als politischer Flüchtling gegen Erfül-
lung der gesetzlichen Erfordernisse den Aufenthalt in hiesigem Kanton
zu gestatten, & daß Büchner in keine der dermal gegen politische Flüchtlinge obwaltenden Untersuchungen impliziert sei»[443]. Wenngleich von
einer Aufenthaltsgenehmigung nicht die Rede war, signalisierte man den
Straßburger Kollegen doch Einverständnis. Der Paßerteilung durch die
französische Fremdenpolizei und dem Umzug nach Zürich stand damit
nichts mehr im Wege.

Gleichzeitig bemühte sich Büchner um die Zulassung als Privatdozent
an der Philosophischen Fakultät der Zürcher Hochschule. Zur Habilitie-
rung bedurfte es einer Genehmigung des Erziehungsrats als der obersten
Aufsichtsbehörde des kantonalen Schul- und Hochschulwesens, an die
sich Büchner mit Brief vom 26. September unter Berufung auf die günstige Beurteilung seiner Dissertation wandte. Der Erziehungsrat forderte
daraufhin in seiner Sitzung vom 1. Oktober die Philosophische Fakultät
auf, gemäß der Universitätsordnung die für die ordnungsgemäße Habilitation erforderliche öffentliche «Probevorlesung» zu veranstalten. Damit
war eine weitere wichtige formale Hürde genommen.

Den 17. Oktober, seinen 23. Geburtstag, verbrachte Büchner noch zusammen mit seiner Verlobten in Straßburg. Tags darauf reiste er nach
Zürich ab, wo er ein spärlich möbliertes Zimmer (Bett, Arbeitstisch,
Schränke) im Haus des Regierungsrats und Arztes Hans Ulrich Zehnder
in der Steingasse (heute: Spiegelgasse 12) bezog. Büchner lebte in sehr
einfachen Verhältnissen, die Qualität von Kost und Logis hielt dem Vergleich mit Straßburg nicht stand. «Freilich eine Kost wie bei Fräulein Jä-
kele wirst Du nicht leicht wieder finden», tröstete seine Mutter in einem
Brief, «nun man muß sich an alles gewöhnen.»[444]

Im Anfange gefiel es Büchner in Zürich ganz gut: *neue Umgebungen,
Menschen, Verhältnisse, Beschäftigungen.* Der Familie schrieb er, mit
deutlichem Seitenblick auf Darmstadt: *Die Straßen laufen hier nicht voll
Soldaten, Akzessisten und faulen Staatsdienern, man riskiert nicht von einer adligen Kutsche überfahren zu werden; dafür überall ein gesundes,
kräftiges Volk, und um wenig Geld eine einfache, gute, rein r e p u b l i -
k a n i s c h e Regierung, die sich durch eine V e r m ö g e n s s t e u e r erhält,
eine Art Steuer, die man bei uns überall als den Gipfel der Anarchie aus-
schreien würde.* Als der Reiz des Neuen nachließ, *alles mit Regelmäßig-
keit vor sich ging*[445], blieb ihm nur noch die Aussicht auf einen Besuch
seiner Braut zu Ostern.

Am 5. November 1836 hielt Büchner in der «Aula academica» der
Zürcher Hochschule, vor etwa zwanzig Zuhörern, unter denen sich
pflichtgemäß der Dekan Johann Georg Baiter und sämtliche Professoren
der Philosophischen Fakultät befanden, seine «Probevorlesung», in
deren Mittelpunkt die Schädelnerven verschiedener Wirbeltierarten

Zürich, Spiegelgasse 12,
um 1939

standen. Da der Vortrag den Erwartungen der Fakultät vollkommen entsprach, empfahl sie dem Erziehungsrat die Aufnahme Büchners «unter die Privatdozenten der Hochschule»[446], was laut Sitzungsprotokoll vom selben Tag auch genehmigt wurde. Anschließend konnte Büchner mit seinen akademischen Vorlesungen beginnen.

Nach Darstellung des Wilnaer Anatomie-Professors Karl Eduard Eichwald, der im November 1836 Oken einen Besuch abstattete, hielt dieser große Stücke auf Büchner, «lobte ihn sehr» und versprach «sich viel von ihm»[447]. Er empfahl Büchners Vorlesungen «vom Katheder herab und schickte seinen eigenen Sohn in dieselben»[448].

Für seinen Kurs mit dem Titel *Zootomische Demonstrationen*, der sich mit praktischen Beispielen aus der Anatomie der Fische und Amphibien beschäftigte, meldeten sich dennoch nicht mehr als fünf Teilnehmer, von denen nur drei ernsthaft interessiert waren. Meist war der achtzehnjährige Zoologiestudent Johann Jakob Tschudi sogar «einziger Zuhörer» des «Kollegiums», das Büchner «dreimal wöchentlich von 2–3 Uhr auf seinem Zimmer» hielt. Trotz des schwachen Zuspruchs resignierte Büchner nicht und kündigte für den Sommer *Vergleichende Anatomie der Wirbeltiere* an.

«Er sagte mir oft», berichtete Tschudi, «künftiges Semester werde ich schon mehr Zuhörer haben; ich bin der erste, der an der Universität Zürich vergleichende Anatomie liest; der Gegenstand ist für die Studenten noch neu, aber sie werden bald erkennen, wie wichtig er ist.»[449] Angeblich hatte man «sogar im Züricher Erziehungsrate die Absicht, sehr bald für ihn eine Professur der vergleichenden Anatomie zu kreieren»[450]. Wie es Büchner letztlich als Dozent ergangen wäre, muß dennoch offenbleiben: Von den über 2000 angekündigten Kollegien der ersten zwölf Jahre der Hochschule kam etwa ein Drittel mangels Hörer gar nicht erst zustande.

Parallel zu Büchners Etablierung als Hochschuldozent lief sein Asylverfahren. Ende November wurde ihm vom Regierungsrat ein Aufenthalt von zunächst sechs Monaten gewährt; Verlängerung war möglich. Jeder Wohnungswechsel war den Behörden sofort anzuzeigen. Falls es dem Asylbewerber nicht gelingen sollte, innerhalb einer bestimmten Frist «ordentliche Ausweisschriften» seiner Heimat beizubringen, hatte er eine «Real- oder Personal-Kaution» in Höhe von 800 Franken zu leisten.[451] Büchner wurde also trotz seines Dozentenstatus behandelt wie jeder andere Asylant auch. Womit er seinen weiteren Aufenthalt finanziert hätte, ist nicht bekannt; auch nicht, wovon er seinen Unterhalt überhaupt bestritt. Von dem Honorar, das er als Privatdozent von seinen wenigen Kolleghörern bekam, konnte er nicht leben; möglicherweise hoffte er auf literarische Nebeneinkünfte. Im Brief seines Vaters vom Dezember 1836, dem ersten seit langem Stillschweigen auf Grund der «Unannehmlichkeiten alle», die der Sohn seinen Eltern durch sein «unvorsichtiges Verhalten bereitet» und der «gar vielen trüben Stunden», die er ihnen «verursacht» hatte[452], ist von einer künftigen finanziellen Unterstützung oder auch nur von einer materiellen Starthilfe nicht die Rede.

Nach Mitteilung August Lünings, der ebenfalls zu seinem Bekanntenkreis gehörte, lebte Büchner «in Zürich sehr zurückgezogen; sein Umgang beschränkte sich auf das Schulzsche Ehepaar... u. auf einige von früher her bekannte hessische Familien»[453], darunter wohl auch die des Druckers des *Hessischen Landboten*, Karl Preller. Den Kreisen der politisch aktiven Flüchtlinge blieben Büchner und seine Freunde, wie schon in Straßburg, fern, weil sie *jeden direkten revolutionären Versuch unter den jetzigen Verhältnissen für Unsinn*[454] hielten und nicht das Schicksal jener *Narren* teilen wollten, *welche die Sicherheit des Staates, der sie aufgenommen, und das Verhältnis desselben zu den Nachbarstaaten* durch unüberlegte Aktionen oder unvorsichtiges Verhalten *kompromittiert*[455] hatten und deswegen ausgewiesen worden waren.

Caroline und Wilhelm Schulz, seine Zimmernachbarn in der Steingasse, wurden Büchners engste Freunde in Zürich. Persönlich kennengelernt hatten sie sich im März 1835 in Straßburg, wo Schulz «mit stillschweigender Erlaubnis» des flüchtlingsfreundlichen Polizeikommissars Pfister unter dem Namen Fischer lebte.[456] Bis zur Ausweisung von Schulz am 15. Juni

1836 war Straßburg die erste gemeinsame Station ihres politischen Exils wie dann Zürich die zweite. Trotz des Altersunterschieds schlossen Schulz, einer der «scharfsinnigsten und geistreichsten Kritiker des vormärzlichen Deutschland», seine «kongeniale und ebenbürtige» Frau Caroline[457] und Büchner rasch Freundschaft. Der 1797 in Darmstadt geborene Publizist und Politiker hatte zunächst die Offizierslaufbahn eingeschlagen, war aber wegen einer anonym veröffentlichten politischen Broschüre bereits 1820 nach einem Hochverratsprozeß in den Ruhestand versetzt worden. Weitere Veröffentlichungen führten 1834 zur Verurteilung zu fünfjährigem strengem Festungsarrest wegen des «fortgesetzten Versuchs des Verbrechens einer gewaltsamen Veränderung der Staatsverfassung»[458]. Schulz' Flucht aus der Fe-

Wilhelm Schulz (1797–1860).
Foto nach einer Zeichnung von 1840

stung Babenhausen in der Nacht auf den 31. Dezember 1834 war hauptsächlich das Werk seiner Frau und wurde von zahlreichen Helfern, darunter Büchners Darmstädter Freunden Ludwig Nievergelder und Hermann Wiener, unterstützt.

Schulz war es auch, der vor und nach 1848 mit diversen Veröffentlichungen dafür sorgte, daß der Name seines Weggefährten zumindest in republikanischen Kreisen nicht vergessen wurde. 1851 stimulierte das Erscheinen der «Nachgelassenen Schriften» den nach der Niederlage der Revolution von 1848/49 wieder nach Zürich zurückgekehrten Paulskirchen-Abgeordneten zu einem umfangreichen Essay, mit dem Schulz seine frühere Absicht verwirklichte, einmal über Büchners «inneres Leben, seine Ansichten u. Meinungen»[459] schreiben zu wollen.

Die Vorbereitung seines Kollegs beschäftigte Büchner «vollauf, da es damals in Zürich beinahe völlig an vergleichend anatomischen Präparaten fehlte, und er dieselben fast alle selbst anfertigen mußte»[460]. An seinen Bruder schrieb er: *Ich sitze am Tage mit dem Skalpell und die Nacht mit den Büchern*, und an seine Verlobte, am 20. Januar: *...das Mühlrad dreht sich als fort ohne Rast und Ruh ...Heute und gestern gönne ich mir jedoch ein wenig Ruhe und lese nicht; morgen geht's wieder im alten Trab, du glaubst*

Blick von der Rathausbrücke in Zürich, 1835

nicht, wie regelmäßig und ordentlich. Ich gehe fast so richtig, wie eine Schwarzwälder Uhr. Doch ist's gut: auf all das aufgeregte, geistige Leben Ruhe, und dabei die Freude am Schaffen meiner poetischen Produkte.[461]

Diesen außerordentlichen Anstrengungen waren Büchners Abwehrkräfte auf Dauer nicht gewachsen. Ende Januar erkrankte er plötzlich. Kurz zuvor hatte er noch der Verlobten mitgeteilt, «er würde *in längstens acht Tagen Leonce und Lena mit noch zwei andern Dramen erscheinen lassen*»[462], womit nach einer Vermutung Ludwig Büchners, der sich dabei wiederum auf Wilhelmine Jaeglé berief, neben *Woyzeck* ein Drama über den durch «zügelloseste Frechheit und Schlüpfrigkeit»[463] berüchtigten Renaissance-Schriftsteller Pietro Aretino (1492–1556) gemeint war. Entstehungsgeschichtlich könnte dieses Werk entweder zwischen *Leonce und Lena* und *Woyzeck* angesiedelt und damit auf Sommer 1836 datiert, oder mit einer Briefaussage vom 20. Januar 1837 in Verbindung gebracht werden, wo Büchner erklärte, er käme *dem Volk und dem Mittelalter immer näher*[464]. Das würde die Arbeit an «*Pietro Aretino*» in den Winter 1836/37 verschieben.

Es ist jedoch auch nicht auszuschließen, daß die gesamte «Aretino»-Legende lediglich auf einer Kette von Mißverständnissen und Fehlinterpretationen beruht. Denn weder ist bislang auch nur eine einzige Zeile daraus bekannt geworden noch ist überhaupt die Existenz eines fertigen Dramas durch eine Aussage aus erster Hand gesichert. Zutreffen dürfte immerhin, daß Büchner sich mit Aretinos Leben und Werk beschäftigte und gegenüber Wilhelmine Jaeglé sein Interesse an dieser schillernden Persönlichkeit bekundete. Der drastische, ‹realistische› und volksnahe Ton von Aretinos Komödien sowie seiner «Kurtisanengespräche» muß ihn ebenso fasziniert haben wie dessen programmatisches Bekenntnis zur Naturwahrheit der Kunst und sein politischer Anspruch. Vage Formulierungen in den Briefen aus Zürich mögen die Verlobte zu der Annahme geführt haben, daß Büchner dort ein «Aretino»-Drama vollendete. Als man dieses dann in seinem Nachlaß nicht fand, wurde auf ihre Veranlassung sein Zimmer «nochmals genau durchsucht», jedoch «ohne etwas zu finden».[465] Wenn man gegenüber den Fakten dennoch an der Existenz eines abgeschlossenen «Aretino», eines «Gangsterstücks», wie Peter Hacks mutmaßt[466], festhalten möchte, würde das voraussetzen, daß Büchner das Manuskript, vielleicht zum Abschreiben, kurz vor seinem Tod in fremde Hände gab und sämtliche Vorarbeiten vernichtete.

Ganz abgesehen von der besonderen Problematik des verschollenen oder imaginären «Aretino»-Dramas erscheint Büchners Ankündigung einer baldigen Sammelpublikation ohne konkrete Absichten und bestehende Kontakte zu einem Verleger oder Herausgeber kaum denkbar. Tatsächlich hat sich Mitte Dezember 1836 in Leipzig der Schriftsteller Ernst Willkomm darum bemüht, Büchner als Mitarbeiter für die von ihm mitherausgegebenen «Jahrbücher für Drama, Dramaturgie und Theater» zu gewinnen, wo auch «deutsche Originalarbeiten, als Trauerspiele, Lustspiele, Komödien, episch-dramatische Gedichte, etc.»[467] abgedruckt werden sollten. Wie weit die Kontaktaufnahme gediehen war, und ob Büchner sich mit Willkomm bereits über eine Mitarbeit verständigt hatte, ist allerdings bis heute ungeklärt. Auch muß offenbleiben, ob Büchner mit seinen «zwei oder wahrscheinlich drei dramatischen Schöpfungen»[468] wirklich hätte zur «innigsten Einigung des dramatischen Deutschlands»[469], wie von den Leipziger «Jahrbüchern» propagiert, hätte beitragen mögen, oder ob er statt dessen ganz andere Pläne hatte.

Büchners Sterbezimmer. Zeichnung von Johann Jakob Tschudi, 1877

Im Winter 1836/37 «grassierte» in Zürich nach einer Grippewelle «ein typhöses Nervenfieber»[470]. Büchner infizierte sich, vielleicht bei seinen Präparationen mit dem Skalpell, glaubte aber, er habe sich nur *verkältet*. Sein brieflicher Bericht beunruhigte die Verlobte in Straßburg, die *krank... vor Angst* zu werden drohte; er, der Todkranke, tröstete sie, wünschte sich nur zurück in die *rue St. Guillaume Nro. 66, links eine Treppe hoch*, in das kleine grüne Zimmer, in dem er als Student bei den Jaeglés zur Untermiete gewohnt hatte. *Hätt' ich dort umsonst geklingelt?*[471]

Vom 2. Februar an blieb Büchner, obgleich er unter Schlaflosigkeit litt, mit steigendem Fieber ans Bett gefesselt. Er wurde zunächst von seinem Hauswirt Dr. Zehnder behandelt; das Ehepaar Schulz übernahm die Krankenpflege, wobei es von Büchners Freunden unterstützt wurde, die sich in der Krankenwache abwechselten. «Wir sagten ihm, daß er an die Wand klopfen solle, die an unsere Schlafstube stieß, wenn er des Nachts etwas bedürfe, u. ließen seine Lampe brennen»[472], heißt es in Caroline Schulz' tagebuchartigem Bericht, den sie später an Büchners Eltern sandte.

Am 8. Februar kamen Briefe von Büchners Verlobter, deren Beantwortung Caroline Schulz übernahm. Die fremde Handschrift ließ Wilhelmine Jaeglé Schlimmes ahnen. Fünf Worte, die Büchner selbst unter den Brief gesetzt hatte, bewiesen wenigstens, daß er noch am Leben war. Was dann folgte, erzählte sie selbst in einem Brief an Eugène Boeckel vom 5. März 1837: «Ich war auf der Folter, ich wollte fort, hin zu ihm eilen; seine Pflege übernehmen; man ließ mich nicht gehen; Montag, Dienstag ohne Nachricht. Dienstag packte ich zusammen mit dem Bedeuten, daß ich mich jetzt nicht mehr halten ließe. Da mußte man sich nach einer Begleiterin umsehen, weil man meinen Bruder, der sich losgemacht hätte, nicht für hinreichend fand mich zu beschützen! O armselige Rücksichten. Endlich trat ich Mittwoch abend mit dem Kehler Eilwagen meine Reise an, und kam erst Freitag morgens gegen 11 Uhr in Zürich an.»[473]

Büchners Zustand hatte sich mittlerweile dramatisch verschlechtert. Johann Lukas Schönlein, Pathologieprofessor und Klinikchef in Zürich, diagnostizierte Typhus und gab seinem Patienten bereits am 15. Februar «nur noch 24 Stunden zu leben». Als Caroline Schulz Wilhelmine Jaeglé am Nachmittag des 17. Februar von ihrem Quartier in einem Gasthof abholte und Schönlein sie an das Krankenbett führte, fand sie einen Sterbenden. «Nach langem Anstarren, da mildert sich sein großer verwirrter Blick, u die krampfhaft verzogene Miene gestaltet sich zu einem leisen Lächeln – er erkennt sie – einen Augenblick u sinkt wieder in das gräßlichste Delirium zurück.»[474]

Büchners Fieberträume kreisten häufig um das «Schicksal seiner politischen Jugendgenossen, die seit Jahren in den Kerkern seiner Heimat schmachten»[475]. Insbesondere Minnigerodes Schicksal «schmerzte» Büchner, weil er «eine gewisse Mitschuld an seinem gräßlichen Unglücke

Charles-George Büchner, Docteur en philosophie, Professeur à l'Université de Zuric, Membre correspondant de la Société du Muséum d'histoire naturelle de Strasbourg, a succombé à une fièvre nerveuse, le 19 Février 1837, à Zuric, à l'âge de 24 ans.

Les amis du défunt ont l'honneur de vous en faire part.

Strasbourg, ce 27 Février 1837.

Sterbebenachrichtigung für Büchners Straßburger Freunde, veranlaßt durch Wilhelmine Jaeglé

zu tragen glaubte»[476]. Eine weitere «Phantasie, die oft wiederkehrte war die, daß er wähnte ausgeliefert zu werden»[477]. Heimliche Schuldgefühle und konkrete Ängste verfolgten den Exulanten bis hinein in die Imaginationen des Typhusdelirs.

Am 19. Februar 1837, nachmittags um halb vier, starb Georg Büchner. «Mit einer flüchtigen Bemerkung auf seinem Todesbette: ‹Hätte ich in der Unabhängigkeit leben können, die der Reichtum gibt, so konnte etwas Rechtes aus mir werden› – wies er selbst auf den tieferen, auf den sozialen Grund seines frühzeitigen Todes. Aber selbst seine nächste Umgebung konnte sein baldiges Ende nicht ahnen; denn Büchner, der Proletarier der geistigen Arbeit und das Opfer derselben, hatte sich lächelnd zu Tode gearbeitet.» (Wilhelm Schulz)[478]

Epilog

Zwei Tage nach Büchners Beerdigung auf dem Zürcher Krautgarten-Friedhof starb Friedrich Ludwig Weidig in Darmstädter Untersuchungshaft, wo er bis zuletzt zermürbenden Verhören und Folterungen eines gnadenlosen und alkoholkranken Untersuchungsrichters ausgesetzt war. Der Gefangenenwärter fand ihn am Morgen des 23. Februar «in seinem Blute schwimmend und in den letzten Zügen liegend». Weidig hatte sich, wie es in der Meldung der halbamtlichen «Großherzoglich Hessischen Zeitung» weiter heißt, «vermittelst der Scherben einer zerschlagenen Wasserflasche an beiden Füßen über den Knöcheln, an beiden Armen über dem Handgelenke die Arterien und über dem Kehlkopfe die Gurgel durchschnitten und sich auf diese Weise selbst entleibt»[479]. Unabhängige medizinische Sachverständige meldeten später erhebliche Zweifel an der offiziellen Darstellung an.

Im November 1838 ergingen die Urteile im Massenprozeß gegen die republikanische Bewegung im Großherzogtum Hessen-Darmstadt. Bis dahin saßen noch zahlreiche Angeklagte im Untersuchungsgefängnis, ohne ausreichenden Rechtsschutz und unter Bedingungen, die den Namen Isolationshaft verdienen. Sämtliche Verurteilte wurden schon wenige Wochen später vom Großherzog amnestiert. So kam nach vier Jahren auch August Becker frei, Büchners engster Freund und Mitbegründer der ‹Gesellschaft der Menschenrechte› in Gießen. Nach seiner Entlassung wirkte er als kommunistischer Agitator in der Schweiz und zwischen 1848 und 1852 wieder in seiner hessischen Heimat. Danach emigrierte er in die Vereinigten Staaten, wo er sich in den verschiedensten Berufen versuchte. Im Amerikanischen Bürgerkrieg erwarb sich der studierte Theologe als Feldkaplan den Spitznamen «Das berittene Wort Gottes». Eines Tages meldete er sich aus Milwaukee bei Büchners jüngstem Bruder Alexander und forderte ihn auf, sich «an einem bestimmten Tage zwischen elf und zwölf zu einem erprobten Medium zu begeben, um eine wichtige Mitteilung» über seinen «im Jenseits wandelnden Bruder Georg

Büchners «Grab und Denkstein» in Zürich.
Stahlstich von A. Limbach, 1876

zu erhalten». Doch «das gewünschte Medium» fand sich nicht, und so «gelangte jene spiritistische Korrespondenz nicht an ihre Adresse»[480]. Becker starb am 26. März 1871 in Cincinnati.

Als Mitte der 1870er Jahre der alte Friedhof in Zürich, auf dem Büchner beerdigt war, eingeebnet werden sollte, veranlaßten seine Geschwister auf ihre Kosten eine Umbettung. Die Einweihung des neuen Gedenksteins am 4. Juli 1875 auf dem Germaniahügel, am Fuß des Zürichbergs, wurde mit einer schlicht-republikanischen Erinnerungsfeier begangen, zu der sich an die 300 Gäste einfanden.

Wilhelmine Jaeglé, inzwischen mit der Familie Büchner «tödlich» verfeindet[481], war nicht unter den Teilnehmern. Zu dem Zerwürfnis war es gekommen, als sie 1850 mit der Veröffentlichung einiger Briefe konfrontiert wurde, die sie 1837 ursprünglich Karl Gutzkow als Arbeitsmaterial für seine geplante Büchner-Biographie zur Verfügung gestellt, zugleich jedoch einen wörtlichen Abdruck ausdrücklich untersagt hatte. Bis zu diesem Eklat waren alle Bemühungen um eine Edition von Büchners literarischem Nachlaß von ihr tatkräftig unterstützt worden.

Was Wilhelmine Jaeglé bis zu ihrem Tod besaß und nicht aus der Hand geben wollte, waren eindeutig keine abgeschlossenen Manuskripte (diese hatte sie zwischen 1837 und 1850 sämtlich Gutzkow bzw. Ludwig Büchner zur Verfügung gestellt), sondern Briefe, Exzerpte und Notizen sowie ein von Caroline Schulz erwähntes poetisches «Tagebuch»[482] und ein Entwurf von *Danton's Tod*. Als Motiv für ihre ablehnende Haltung gab sie an, dem Nimbus des Schriftstellers könne durch die Preisgabe von «unvollständigen Auszügen und unvollendeten Notizen»[483] nur geschadet werden. Obwohl sie sich nach dem Tod ihres Verlobten einen raschen Tod gewünscht hatte, war Wilhelmine Jaeglé siebzig, als sie am 14. Dezember 1880 starb. Handschriften Georg Büchners werden in ihrem Testament mit keinem Wort erwähnt; was damit geschah, ist nicht bekannt.

Auch über dem in Darmstadt aufbewahrten, größeren Teil des Nachlasses stand ein schlechter Stern. Feuerkatastrophen und Fahrlässigkeiten reduzierten ihn binnen weniger Jahrzehnte auf einen dürftigen Rest, dem lediglich ein Stoß Schulhefte zu einem gewissen Volumen verhilft. Bereits 1851 wurde ein wertvoller Teil bei einem Brand im Darmstädter Elternhaus vernichtet. Was 1875 noch auf Anhieb bei der Familie erreichbar war, sichtete Karl Emil Franzos. Da hatten Staub und Feuchtigkeit und ‹die nagende Kritik der Mäuse› schon irreparable Schäden an den Manuskripten verursacht. Immerhin wurde der Autor Büchner, 40 Jahre nach seinem Tod, durch Franzos' essayistische und editorische Bemühungen ein zweites Mal entdeckt. Realistik und Artistik, Stil und Stoffwahl verbanden ihn mit der jungen Schriftstelleropposition des ausgehenden Jahrhunderts, die seine Dichtung als Modell modernster Schreibart empfand. Nach der Gesamtausgabe von Franzos («Sämtliche Werke und handschriftlicher Nachlaß», 1879) kamen zwischen 1886 und 1920 nicht weniger als drei Teilsammlungen und siebzehn Einzelausgaben heraus sowie bereits Übersetzungen ins Französische und Jiddische.

1918 erwarb der Leipziger Insel-Verlag von den Erben den Nachlaß, den Verlagschef Anton Kippenberg nach erneuter gründlicher editorischer Auswertung 1924 dem Goethe- und Schiller-Archiv in Weimar zum Geschenk machte. Die wenigen noch in Darmstädter Familienbesitz verbliebenen Erinnerungsstücke verbrannten in der Nacht des 11. September 1944, in der die Innenstadt durch einen englischen Fliegerangriff in Schutt und Asche gelegt wurde und Tausende ums Leben kamen. Das Porträt Georg Büchners, die hinter Glas gerahmte Bleistiftzeichnung mit den angehefteten Locken, hatte die Familie noch aus dem brennenden Haus retten können. Auf der Flucht vor den Flammen fiel das Bild zu Boden, die Verglasung platzte und der enorme Hitzesog riß das Blatt in die Höhe, wo es sich noch in der Luft entzündete und verglühte.[484]

Anmerkungen

Die Werk- und Briefzitate folgen durchweg der Münchner Ausgabe (MA), die den derzeit besten, «mit größter Zurückhaltung modernisierten» Text bietet. Einige Inkonsequenzen wurden stillschweigend beseitigt. Alle übrigen Quellenzitate sind in der Orthographie heutigen Rechtschreibregeln angepaßt; Hervorhebungen wurden nur in Büchner-Texten berücksichtigt.

In den Anmerkungen werden die in der Bibliographie aufgeführten Titel mit Verfasser- bzw. Herausgebername und Erscheinungsjahr abgekürzt.

Weitere Abkürzungen und Siglen:

DHA	= Heinrich Heine. Historisch-kritische Gesamtausgabe der Werke. Hg. von Manfred Windfuhr. 16 Bde. Hamburg 1973ff
F	= Georg Büchner's Sämmtliche Werke und handschriftlicher Nachlaß. Eingeleitet und hg. von Karl Emil Franzos. Frankfurt am Main 1879 (Neudruck der Einleitung in: Dedner [Hg.] 1990, S. 137–233)
GB I/II	= Arnold, Heinz Ludwig (Hg.): Georg Büchner I/II. München ²1982
GBJb	= Georg Büchner Jahrbuch
Grab 1987	= Grab, Walter: Dr. Wilhelm Schulz aus Darmstadt. Weggefährte von Georg Büchner und Inspirator von Karl Marx. Frankfurt a. M., Olten, Wien 1987
HA	= Georg Büchner: Sämtliche Werke und Briefe. Historisch-kritische Ausgabe mit Kommentar. Hg. von Werner R. Lehmann. 2 Bde. Hamburg 1967–1971
H/S–H	= Höppner, Joachim, Seidel-Höppner, Waltraud: Von Babeuf bis Blanqui. Französischer Sozialismus und Kommunismus vor Marx. 2 Bde. Leipzig 1975
Int	= Interpretationen. Georg Büchner: Dantons Tod, Lenz, Leonce und Lena, Woyzeck. Stuttgart 1990
Katalog Darmstadt	= Georg Büchner. Revolutionär, Dichter, Wissenschaftler 1813 bis 1837. Der Katalog. Basel, Frankfurt a. M. 1987
Katalog Marburg	= Georg Büchner. Leben, Werk, Zeit. Ausstellung zum 150. Jahrestag des «Hessischen Landboten». Katalog. Marburg ³1987

L/M = Lehmann, Werner R., Mayer, Thomas Michael: Eine unbekannter Brief Georg Büchners. Mit biographischen Miszellen aus dem Nachlaß der Gebrüder Stoeber. In: Euphorion 70 (1976), S. 175–186

MA = Georg Büchner: Werke und Briefe. Münchner Ausgabe. München (dtv) [4]1994

N = Nachgelassene Schriften von Georg Büchner. Frankfurt am Main 1850 (Neudruck der Einleitung in: Dedner [Hg.] 1990, S. 107–134)

NSTA = Niedersächsisches Staatsarchiv

1 MA, S. 341
2 Viëtor 1949, S. 27
3 MA, S. 321f
4 MA, S. 298
5 MA, S. 413
6 MA, S. 383
7 MA, S. 374
8 MA, S. 33
9 Grab 1985, S. 66
10 MA, S. 369
11 MA, S. 90
12 Grab 1985, S. 65f
13 MA, S. 369
14 Grab 1987, S. 22
15 Marx, Karl, Engels, Friedrich: Werke. Hg. vom Institut für Marxismus-Leninismus beim ZK der SED. Berlin 1956–1968. Bd. 6, S. 479
16 Büchner, Alexander: Das «tolle» Jahr. Vor, während und nach. Von einem, der nicht mehr «toll» ist. Erinnerungen. Gießen 1900, S. 374
17 MA, S. 358
18 F, S. 458
19 Katalog Marburg, S. 189
20 MA, S. 357
21 Büchner, Alexander (Anm. 16), S. 373f
22 Büchner, Ludwig: Kraft und Stoff. Leipzig [20]1902, S. XI
23 Büchner, Alexander: Vorwort. In: Büchner, Ludwig: Im Dienste der Wahrheit. Ausgewählte Aufsätze aus Natur und Wissenschaft. Gießen 1900, S. Vff
24 GBJb 5 (1985), S. 332
25 MA, S. 275
26 F, S. X
27 MA, S. 381

28 F, S. VIIIf
29 Büchner, Luise: Ein Dichter. – In: Nachgelassene belletristische und vermischte Schriften in zwei Bänden von Luise Büchner. Frankfurt am Main 1878. Bd. 1, S. 237
30 Katalog Marburg, S. 10
31 MA, S. 22
32 MA, S. 27
33 MA, S. 184
34 MA, S. 174f
35 Wiest, Ekkehard: Die Lage der Darmstädter Bevölkerung im Vormärz. In: Katalog Darmstadt, S. 52
36 MA, S. 275
37 Franz, Eckhart G.: Im Kampf um neue Formen. Die ersten Jahrzehnte des Großherzogtums Hessen. In: Katalog Darmstadt, S. 41 und 44
38 Zimmermann 1987, S. 7
39 Ebd., S. 254f
40 Weidig, Friedrich Ludwig: Gesammelte Schriften. Hg. von Hans-Joachim Müller. Darmstadt 1987, S. 358
41 MA, S. 42
42 Büchner, Alexander (Anm. 16), S. 13
43 Wiest, Ekkehard (Anm. 35), S. 52
44 Hamm, Wilhelm: Jugenderinnerungen. Hg. von Karl Esselborn. Darmstadt 1926, S. 76
45 Weitershausen, Karl: Einladungs-Schrift zu den an dem 24ten und 25ten März 1825 anzustellenden öffentlichen Prüfungen ... Darmstadt 1825, S. 5
46 MA, S. 439
47 MA, S. 371
48 Marburger Denkschrift, S. 63
49 Schaub 1980, S. 123f

50 Ebd., S. 127
51 MA, S. 17–20
52 Fischer 1987, S. 273
53 MA, S. 374
54 MA, S. 776
55 MA, S. 373
56 MA, S. 440
57 Katalog Marburg, S. 72
58 MA, S. 34
59 Büchner, Luise (Anm. 29), S. 212f
60 MA, S. 29–33
61 MA, S. 17
62 Herbstprogramm des Großherzoglichen Gymnasiums. Darmstadt 1825, S. 5
63 Katalog Marburg, S. 58
64 MA, S. 315
65 MA, S. 370
66 MA, S. 275
67 MA, S. 277
68 DHA Bd. 11, S. 56
69 MA, S. 20
70 Börne, Ludwig: Sämtliche Schriften. Hg. von Inge und Peter Rippmann. Düsseldorf (dann Darmstadt) 1964–1968, Bd. 3, S. 371
71 S. insgesamt Ponteil, Félix: L'opposition politique à Strasbourg sous la Monarchie de Juillet (1830–1848). Paris 1932
72 GBJb 5 (1985), S. 335
73 Hauschild 1985, S. 325
74 MA, S. 375
75 Stiftsarchiv St. Gallen, von Thurn-Archiv
76 MA, S. 149
77 MA, S. 326
78 Hauschild, Jan-Christoph: Büchners Braut. In: Katalog Darmstadt, S. 125
79 Schweyer, Jean-Luc: Daniel-Ehrenfried Stoeber (1779–1835). Temoin de son temps. Phil. Diss. Paris 1974, S. 177
80 Ebd., S. 199
81 NSTA Wolfenbüttel, Nachlaß Georg Fein
82 MA, S. 311
83 MA, S. 276
84 GBJb 6 (1986/87), S. 368
85 MA, S. 20
86 MA, S. 319
87 GBJb 6 (1986/87), S. 369
88 MA, S. 277f
89 MA, S. 285
90 N, S. 2
91 «Der Bürger-Freund», Kaiserslautern, Nr. 9, 2. Juni 1832
92 «Der Wächter am Rhein», Mannheim, Nr. 101, 12. Juli 1832
93 MA, S. 278
94 H/S–H, Bd. 1, S. 213
95 Mayer, Hans 1972, S. 80ff
96 H/S–H, Bd. 1, S. 217
97 DHA Bd. 12, S. 99
98 H/S–H, Bd. 2, S. 101
99 H/S–H, Bd. 1, S. 222
100 Aussage von Adam Koch. In: Ilse 1860, S. 427
101 MA, S. 293
102 Vgl. L/M, S. 179. Ein direkter Zusammenhang mit Büchner wird dort nicht erwogen, Lucien Rey und Carnari sind als Adressaten nicht erkannt. S. Hauschild 1993, S. 222–225
103 MA, S. 284
104 MA, S. 274
105 MA, S. 282
106 Fischer 1987, S. 285
107 MA, S. 291
108 MA, S. 282
109 Vogt 1896, S. 58
110 MA, S. 284
111 MA, S. 395
112 Zobel von Zabeltitz, Max: Mitteilungen zu Georg Büchners Leben. In: Das Literarische Echo 18 (1915), Heft 3, Sp. 192
113 MA, S. 285
114 Crome, August Friedrich Wilhelm: Handbuch der Statistik des Großherzogtums Hessen … Darmstadt 1822, S. 463
115 MA, S. 368
116 Mayer 1980, S. 364
117 MA, S. 280
118 MA, S. 283
119 MA, S. 291
120 Vgl. Verfasser: Neudatierung und

Neubewertung von Georg Büchners «Fatalismusbrief». In: Zeitschrift für deutsche Philologie 108 (1989), S. 511–529

121 MA, S. 288
122 MA, S. 319
123 MA, S. 90
124 N, S. 4
125 GBJb 5 (1985), S. 335
126 MA, S. 288
127 Büchner, Alexander (Anm. 16), S. 109
128 GBJb 5 (1985), S. 336
129 MA, S. 285
130 Görisch/Mayer 1982, S. 280
131 MA, S. 375f
132 MA, S. 285f
133 MA, S. 284
134 Noellner 1844, S. 246
135 Vogt 1896, S. 121
136 Noellner 1844, S. 249ff
137 «Die fröhliche Botschaft von der religiösen und sozialen Bewegung», Lausanne, Nr. 4, Juli 1845, S. 5
138 Katalog Darmstadt, S. 173
139 Grab 1987, S. 27
140 Görisch/Mayer 1982, S. 274
141 Mayer 1980, S. 380
142 MA, S. 286–289
143 Noellner 1844, S. 422
144 Katalog Marburg, S. 156
145 MA, S. 71
146 Grab 1985, S. 70
147 N, S. 48
148 MA, S. 320
149 «Die fröhliche Botschaft» (Anm. 137), Nr. 6, September 1845, S. 14
150 Grab 1985, S. 73
151 Noellner 1844, S. 422
152 Görisch/Mayer 1982, S. 332
153 Jancke 1979, S. 287
154 Noellner 1844, S. 420ff
155 GB I/II, S. 359
156 Ilse 1860, S. 428
157 Fischer 1987, S. 261
158 Grab 1985, S. 69
159 Görisch/Mayer 1982, S. 331
160 Noellner 1844, S. 425
161 Mayer, Thomas Michael: Die ‹Gesellschaft der Menschenrechte› und «Der Hessische Landbote». In: Katalog Darmstadt, S. 182
162 MA, S. 142
163 Schaub 1976, S. 164–175
164 MA, S. 42
165 Jancke 1979, S. 92
166 MA, S. 44–50
167 Noellner 1844, S. 423
168 MA, S. 52–56
169 Görisch/Mayer 1982, S. 335
170 Holmes, Terence M.: Georg Büchners «Fatalismus» als Voraussetzung seiner Revolutionsstrategie. In: GBJb 6 (1986/87), S. 70
171 S. Ruckhäberle (Hg.) 1977, S. 102–107
172 Schaub 1980, S. 296
173 MA, S. 64
174 Noellner 1844, S. 423f
175 GB I/II, S. 163
176 Noellner 1844, S. 423f
177 Görisch/Mayer 1982, S. 335
178 Enzensberger 1965, S. 49
179 Noellner 1844, S. 424
180 Görisch/Mayer 1982, S. 336
181 Mayer (Anm. 161), S. 176
182 Mayer, Thomas Michael: Die Verbreitung und Wirkung des «Hessischen Landboten». In: GBJb 1 (1981), S. 88
183 N, S. 8
184 MA, S. 291
185 Hauschild 1985, S. 338
186 MA, S. 146
187 Hauschild 1985, S. 325
188 Nachdrucke bei Ruckhäberle (Hg.) 1977, S. 109–138
189 N, S. 8
190 Perreux, Gabriel: Au temps des sociétés secrètes. La propagande républicaine au début de la Monarchie de Juillet (1830–1835). Paris 1931, S. 85
191 Ilse 1860, S. 428ff
192 F, S. CLII
193 N, S. 19
194 Mayer 1980, S. 374
195 Ilse 1860, S. 428f
196 MA, S. 84

197 Ilse 1860, S. 429

198 MA, S. 104

199 Ilse 1860, S. 347

200 Mayer 1980, S. 388, Anm. 25

201 GB I/II, S. 378 und 54

202 NSTA Wolfenbüttel, Nachlaß Georg Fein

203 Görisch/Mayer 1982, S. 332

204 Ilse 1860, S. 349

205 Ruckhäberle (Hg.) 1977, S. 121

206 Eichelberg, Leopold: Nachtrag zum Jordan'schen Kriminalprozeß, zugleich als Beitrag zur Zeitgeschichte. Frankfurt am Main 1853, S. 58

207 Eichelberg, Leopold: [Politische Erinnerungen.] Manuskript im Hessischen Staatsarchiv Marburg, S. 68. Thomas Michael Mayer stellte eine Teilfotokopie seiner Transkription zur Verfügung

208 Görisch/Mayer 1982, S. 340

209 MA, S. 302

210 Noellner 1844, S. 101

211 GB I/II, S. 382

212 Noellner 1844, S. 426

213 Obermann, Karl: Zur Frühgeschichte der deutschen Arbeiterbewegung (1833–1836). In: Klein, Fritz, Streisand, Joachim (Hg.): Beiträge zum neuen Geschichtsbild. Zum 60. Geburtstag von Alfred Meusel. Berlin 1956, S. 210

214 Noellner 1844, S. 426

215 MA, S. 319

216 Ilse 1860, S. 349

217 Görisch/Mayer 1982, S. 337

218 N, S. 18

219 Mayer (Anm. 182), S. 102

220 Katalog Darmstadt, S. 184

221 MA, S. 380

222 N, S. 18

223 MA, S. 381

224 Dedner, Burghard: Georg Büchner: «Dantons Tod». Zur Rekonstruktion der Entstehung anhand der Quellenverarbeitung. In: GBJb 6 (1986/87), S. 122

225 MA, S. 380

226 Wender 1988, S. 25–42

227 MA, S. 297

228 MA, S. 299

229 Wender, Herbert: Der Dichter von «Dantons Tod». Ein ‹Vergötterer der Revolution›. In: Katalog Darmstadt, S. 223f

230 MA, S. 306

231 MA, S. 301

232 MA, S. 305

233 Jancke 1979, S. 118

234 MA, S. 71

235 MA, S. 79

236 DHA Bd. 12, S. 150

237 MA, S. 85

238 MA, S. 128

239 MA, S. 120f

240 Selge, Martin: Marseillaise oder Carmagnole? Zwei französische Revolutionslieder in «Dantons Tod». In: Katalog Darmstadt, S. 236f

241 MA, S. 75

242 MA, S. 86

243 MA, S. 402 und 305

244 MA, S. 128

245 Hauschild 1985, S. 221

246 NSTA Wolfenbüttel, Nachlaß Georg Fein

247 MA, S. 85

248 MA, S. 121

249 MA, S. 74

250 MA, S. 303

251 «Literatur-Blatt», Nr. 1, 7. Januar 1835

252 MA, S. 297

253 MA, S. 398f

254 MA, S. 399

255 MA, S. 305

256 MA, S. 400

257 MA, S. 339

258 Karl Buchner, zitiert nach Hauschild 1985, S. 183

259 MA, S. 306

260 Wolfgang Menzel, zitiert nach GB I/II, S. 127

261 MA, S. 305

262 MA, S. 290

263 MA, S. 298

264 N, S. 21
265 MA, S. 379f
266 MA, S. 304
267 MA, S. 307
268 MA, S. 298
269 MA, S. 350
270 MA, S. 301f
271 GBJb 6 (1986/87), S. 195
272 Hauschild 1985, S. 343
273 NSTA Wolfenbüttel, Nachlaß Georg Fein
274 MA, S. 302
275 MA, S. 301
276 NSTA Wolfenbüttel, Nachlaß Georg Fein
277 MA, S. 307
278 MA, S. 304
279 MA, S. 383
280 MA, S. 304
281 NSTA Wolfenbüttel, Nachlaß Georg Fein
282 MA, S. 302
283 MA, S. 343
284 MA, S. 306
285 MA, S. 193
286 MA, S. 298f
287 MA, S. 400
288 MA, S. 336ff
289 MA, S. 300
290 MA, S. 402
291 MA, S. 304
292 MA, S. 305
293 MA, S. 528f
294 Gersch (Hg.) 1984, S. 64
295 Stoeber, August: Der Dichter Lenz. Mitteilungen. In: Morgenblatt für gebildete Stände, Stuttgart, Nr. 251, 20. Oktober 1831, S. 1002
296 MA, S. 533
297 Stoeber, August: Der Aktuar Salzmann ... Frankfurt am Main 1855, S. 118f
298 Stoeber (Anm. 295), Nr. 250, 19. Oktober 1831, S. 998
299 Bräuning-Oktavio, Hermann: Georg Büchner. Gedanken über Leben, Werk und Tod. Bonn 1976, S. 7
300 Stoeber, August: Der Dichter Lenz und Friedericke von Sesenheim. Basel 1842, S. 11
301 L/M, S. 186
302 NSTA Wolfenbüttel, Nachlaß Georg Fein
303 Aus Oberlin's Leben. Nach dem Französischen des Herrn Heinrich Lutteroth ... von C. W. Krafft. Straßburg 1826, S. 80
304 Winkler 1925, S. 154
305 Voss 1922, S. 121
306 N, S. 47
307 Zobel von Zabeltitz 1915, S. 64
308 Grab 1985, S. 68
309 MA, S. 144f
310 Grab 1985, S. 67
311 MA, S. 339
312 Ebd.
313 «Telegraph für Deutschland», Hamburg, Nr. 9, Januar 1839, S. 72, Fußnote
314 MA, S. 346
315 MA, S. 402
316 MA, S. 310
317 Irle 1965, S. 79
318 MA, S. 528
319 Irle 1965, S. 78
320 MA, S. 37
321 MA, S. 340
322 MA, S. 309ff
323 MA, S. 403
324 MA, S. 731
325 MA, S. 313
326 MA, S. 395
327 Hauschild 1985, S. 72
328 MA, S. 299f
329 MA, S. 336f
330 DHA Bd. 8, S. 116
331 MA, S. 298
332 N, S. 29
333 MA, S. 310
334 N, S. 29
335 MA, S. 394
336 N, S. 30
337 Leipzig 1828, S. 115
338 Allgemeine deutsche Real-Enzyklopädie, Leipzig [10]1851, Bd. 2, S. 281
339 Doerr 1987, S. 9
340 Carus (Anm. 337), S. 4
341 Döhner 1967, S. 199
342 HA Bd. 2, S. 65

343 Döhner 1967, S. 238
344 Ebd., S. 73
345 MA, S. 318
346 MA, S. 394; vgl. N, S. 30
347 N, S. 32
348 MA, S. 317
349 MA, S. 319
350 Hauschild 1985, S. 372–375
351 N, S. 33
352 MA, S. 317
353 MA, S. 319
354 MA, S. 321
355 MA, S. 311f
356 N, S. 37f
357 MA, S. 357
358 Schaub 1975, S. 63
359 MA, S. 374
360 GBJb 5 (1985), S. 336
361 MA, S. 284
362 Vietta, Silvio: Georg Büchners Spinoza-Rezeption. Typoskript, vorgelegt auf dem Zweiten Internationalen Georg Büchner Symposium 1987, S. 1
363 Vollhardt, Friedrich, Proß, Wolfgang: Thesen ... In: Marburger Denkschrift, S. 161
364 MA, S. 350
365 Mayer, Hans 1972, S. 358
366 Vietta (Anm. 362), S. 4
367 Mayer, Hans 1972, S. 364f
368 Vietta (Anm. 362), S. 2
369 Hauschild 1985, S. 343f
370 MA, S. 313
371 MA, S. 317
372 MA, S. 350
373 Hauschild 1985, S. 72
374 «Beurmann's Telegraph. (Neuste Folge.)», Frankfurt am Main, Nr. 41, September 1837, S. 328
375 «Allgemeine Theater-Revue», Stuttgart 2 (1836), S. III
376 N, S. 37
377 MA, S. 321
378 MA, S. 395
379 Hacks, Peter: Die freudlose Wissenschaft. In: Sinn und Form 43 (1991), Heft 1, S. 80
380 Hinderer 1977, S. 130
381 Mayer, Hans 1972, S. 316

382 MA, S. 299
383 MA, S. 48
384 MA, S. 164
385 MA, S. 183
386 Hiebel, Hans H.: Das Lächeln der Sphinx. Das Phantom des Überbaus und die Aussparung der Basis: Leerstellen in Büchners «Leonce und Lena». In: GBJb 7 (1988/89), S. 127
387 MA, S. 302
388 Hauschild 1985, S. 205 und 220
389 Mayer, Hans 1972, S. 323
390 MA, S. 286
391 MA, S. 311f
392 MA, S. 317
393 MA, S. 182
394 Sengle 1980, S. 315
395 Dedner 1989, S. 587
396 MA, S. 50
397 MA, S. 162
398 MA, S. 324
399 MA, S. 320
400 MA, S. 85f
401 Hauschild 1985, S. 222
402 MA, S. 95f
403 MA, S. 144
404 Winkler 1925, S. 125
405 Glück, Alfons: Fundament und tragischer Grund des «Woyzeck». In: Programmheft der Städtischen Bühnen Münster, Spielzeit 1984/85, S. 61–76
406 MA, S. 222
407 Kupsch, Walther: Wozzeck. Ein Beitrag zum Schaffen Georg Büchners (1813–1837). Berlin 1920, S. 109
408 Büchler, Gabriele: Vom ‹Nachgeborenen› der Klassikperiode zum ‹Vorläufer› der sozialen Erzähler. Karl Immermanns Beitrag zur Literatur der frühen Industriegesellschaft. In: Karl Immermann 1796–1840. Ein Dichter zwischen Poesie und sozialer Wirklichkeit. Düsseldorf 1990, S. 29–39
409 Sengle 1980, S. 322
410 Glück, Alfons: Der «Woyzeck». Tragödie eines Paupers. In: Katalog Darmstadt, S. 331
411 Sengle 1980, S. 322
412 MA, S. 74
413 Grab 1985, S. 66

414 MA, S. 285f
415 MA, S. 288
416 MA, S. 142
417 MA, S. 313
418 Alle Zitate aus den beiden Clarus-Gutachten. Neudruck in HA Bd. 1, S. 487–549
419 MA, S. 605
420 Katalog Marburg, S. 25
421 Winkler 1925, S. 114
422 Poschmann 1985, S. 276
423 Dedner (Hg.) 1990, S. 369
424 MA, S. 232
425 So der zeitgenössische Begriff, s. Wernher, Julius: Über Gemeinde-Bürgertum ... Darmstadt 1838, S. 217
426 Dedner 1989, S. 590
427 MA, S. 211
428 Kupsch (Anm. 407), S. 30 und 45
429 Glück, Alfons: Der «ökonomische Tod»: Armut und Arbeit in Georg Büchners «Woyzeck». In: GBJb 4 (1984), S. 199
430 Glück, Alfons: «Woyzeck». Ein Mensch als Objekt. In: Int, S. 199
431 Kupsch (Anm. 407), S. 107
432 Werner, Hans-Georg: Büchners «Woyzeck». Dichtungssprache als Analyseobjekt. In: Weimarer Beiträge 27 (1981), Heft 12, S. 88
433 Vogt 1896, S. 55
434 MA, S. 203
435 NSTA Wolfenbüttel, Nachlaß Georg Fein
436 Landau, Paul, zitiert nach Dedner (Hg.) 1990, S. 342
437 MA, S. 286
438 Sengle 1980, S. 281f
439 Landau, Paul (Anm. 436), S. 340f
440 MA, S. 395
441 Zitiert nach: Ich bin ein Neger. Diskussion mit Heiner Müller. Darmstadt 1986, S. 20
442 MA, S. 322
443 Hauschild 1985, S. 397
444 MA, S. 358
445 MA, S. 324
446 Hauschild 1985, S. 399
447 Clemen, Otto: Ein Besuch bei Lorenz Oken in Zürich im November 1836. In: Archiv für Geschichte der Medizin 15 (1923), S. 150
448 N, S. 38
449 Hauschild 1985, S. 392 und 400f
450 N, S. 38
451 Hauschild 1985, S. 399f
452 MA, S. 359
453 MA, S. 385
454 MA, S. 316
455 MA, S. 320
456 NSTA Wolfenbüttel, Nachlaß Georg Fein
457 Grab 1987, S. 150
458 Ebd., S. 143
459 L/M, S. 186
460 N, S. 38
461 MA, S. 324f
462 N, S. 39
463 Katalog Darmstadt, S. 355
464 MA, S. 325
465 N, S. 40
466 Katalog Darmstadt, S. 355
467 Hauschild 1985, S. 405f
468 Grab 1985, S. 67
469 Hauschild 1985, S. 408
470 «Neue Zürcher Zeitung», Nr. 21, 17. Februar 1837
471 MA, S. 325f
472 MA, S. 388
473 Katalog Darmstadt, S. 127
474 GBJb 7 (1988/89), S. 381
475 MA, S. 396
476 N, S. 17
477 MA, S. 390
478 Grab 1985, S. 67
479 Katalog Marburg, S. 262
480 Büchner, Alexander (Anm. 16), S. 183
481 Hauschild 1985, S. 296
482 MA, S. 393
483 Katalog Darmstadt, S. 130
484 Mündliche Mitteilung von Ludwig Büchners Urenkelin Susanne Langohr-Söder, Darmstadt, 12. Juni 1986

Zeittafel

Mutmaßliche oder erschlossene Daten und Vorgänge sind durch ein Sternchen (*) gekennzeichnet.

1813   17. Oktober: Karl G e o r g Büchner in Goddelau (Großherzogtum Hessen-Darmstadt) geboren

1816   Herbst: Übersiedlung der Familie nach Darmstadt

*1821   *Herbst: Aufnahme in die ‹Privat-Erziehungs- und Unterrichtsanstalt› von Dr. Karl Weitershausen

1825   26. März: Wechsel zum Großherzoglichen Gymnasium

1828   26. Mai: Konfirmation in der Darmstädter Stadtkirche

1830   29. September: bei einer öffentlichen Schulfeier: Rede zur Verteidigung des Cato von Utica

1831   30. März: Abschlußzeugnis («Exemtions-Schein») durch Direktor Dr. Karl Dilthey. – 9. November: Immatrikulation an der Medizinischen Fakultät der Straßburger Académie. Wohnung bei dem Pfarrer und Gelegenheitsdichter Johann Jakob Jaeglé

1832   *März/April: Erkrankung; heimliche Verlobung mit der Tochter seines Vermieters, Louise W i l h e l m i n e Jaeglé. – August bis Oktober: Ferienaufenthalt in Darmstadt

1833   25. Juni–*3. Juli: Vogesenwanderung. – 8. August: Rückkehr nach Darmstadt. – 31. Oktober: Immatrikulation an der Medizinischen Fakultät der Großherzoglich-Hessischen Landes-Universität Gießen. – *28. November: vorläufige Rückkehr ins Darmstädter Elternhaus auf Grund einer leichten Gehirnhautentzündung

1834   *6. Januar: Wiederaufnahme des Studiums in Gießen. – *Mitte Januar: «Fatalismus»-Brief an Wilhelmine Jaeglé. – *Januar: Bekanntschaft mit Friedrich Ludwig Weidig, Rektor in Butzbach, Herausgeber einer illegalen Oppositionszeitschrift. Danach Entwurf des von Weidig später so betitelten und stark veränderten *Hessischen Landboten*. – März bis Mai: zusammen mit dem Ex-Theologiestudenten August Becker Formierung der geheimen revolutionären ‹Gesellschaft der Menschenrechte›. – *26. März: Straßburg-Reise. – *Mitte April: Rückkehr nach Darmstadt, dort Gründung einer weiteren Sektion der ‹Gesellschaft der Menschenrechte». – 28. April: Fortsetzung des Studiums in Gießen. – 3. Juli: Teilnahme an der Gründungsversammlung eines überregionalen «Preßvereins» auf der Ruine Badenburg bei Gießen. – 1. August: auf Grund einer Denunziation Verhaftung des Studenten Karl Minnigerode beim Versuch, über 100 Exemplare des *Hessischen Landboten* nach Gießen einzuschleusen. Umgehende Warnung der Beteiligten in Butzbach und Offenbach durch Büchner. – *Mitte September: mit Vorlesungsschluß Rückkehr ins Darmstädter Elternhaus. Beteiligung an den Projekten des Badenburger «Preßvereins» (Anschaffung einer Druckpresse, Gefangenenbefreiung, Fluchthilfe). – November: zweite Auflage des *Hessischen Landboten*

1835 ab *Mitte Januar: Niederschrift von *Danton's Tod*. – *6. März: Flucht über Wissembourg nach Straßburg. – 12. März: *behördliche Anmeldung mit Papieren auf den Namen Jacques Lutzius. – 26. März–7. April: Vorabdruck von *Danton's Tod* (Auszüge) in der Zeitschrift «Phönix». – 7. April: nach Geständnissen des Studenten Gustav Clemm Beginn einer Verhaftungswelle in Hessen. – *Mai: Plan einer Lenz-«Novelle». – 13. Juni: der Darmstädter Chefermittler Georgi erläßt einen «Steckbrief» gegen Büchner (Veröffentlichung in Darmstädter und Frankfurter Zeitungen). – *11. Juli: *Danton's Tod* erscheint. – *Anfang Oktober: Büchners Übersetzungen von Victor Hugos «Lucrèce Borgia» und «Marie Tudor» erscheinen. – *Ab November: privates «Studium der Philosophie» (über Descartes und Spinoza und *Weiterarbeit an der *Geschichte der Griechischen Philosophie*). – Dezember: Reguläre polizeiliche Anmeldung und Beginn der Vorarbeiten an einer morphologischen Untersuchung über das Nervensystem der Flußbarbe

1836 13. April, 20. April, 4. Mai: Vortrag der Untersuchungsergebnisse vor der Straßburger Naturhistorischen Gesellschaft. – 31. Mai: Abschluß der französisch verfaßten Abhandlung *Über das Nervensystem der Barbe*, anschließend Beginn der Arbeit an einer ersten Fassung von *Leonce und Lena* für Cottas Lustspielwettbewerb sowie vermutlich an *Woyzeck*. – 3. September: auf Grund der eingereichten Abhandlung Promotion an der Philosophischen Fakultät der Universität Zürich. – September: Arbeit an *Woyzeck* und *Leonce und Lena* (zweite Fassung) sowie an den philosophischen Vorlesungsskripten. – 18. Oktober: Übersiedlung nach Zürich. – Weiterarbeit an *Leonce und Lena*, vielleicht an *Woyzeck*, unter Umständen auch an dem nicht überlieferten «*Pietro Aretino*». – 5. November: Öffentliche «Probevorlesung», anschließend Ernennung zum Privatdozenten. – Ab 15. November: Beginn der Vorlesungen über vergleichende Anatomie (*Zootomische Demonstrationen*). – 26. November: Provisorische Aufenthaltsgenehmigung als Asylant der «Sonder-Klasse» für Zürich. – *Dezember: Ernst Willkomm, Zeitschriftenherausgeber in Leipzig, bemüht sich um «Originalarbeiten» Büchners

1837 *Januar: Ankündigung des baldigen Erscheinens von drei Dramen in einem Brief an Wilhelmine Jaeglé. – Erkrankung Büchners. – 11. Februar: Beginn der Delirien. – 15. Februar: der Arzt und Hochschullehrer Johann Lukas Schönlein diagnostiziert Typhus. – 17. Februar: Wilhelmine Jaeglé trifft in Zürich ein. – 19. Februar: Nachmittags «um halb 4» stirbt Georg Büchner. – 21. Februar: Beerdigung auf dem «Krautgarten»-Friedhof (1875 Umbettung in ein Grab am Zürichberg). – 21. Februar: Tod Weidigs unter ungeklärten Umständen in Darmstädter Untersuchungshaft. – 28. Februar: Wilhelm Schulz' «Nekrolog» erscheint im «Schweizerischen Republikaner». – 8. April: Büchners Dissertation *Mémoire sur le système nerveux du barbeau* erscheint. – *8.–*12. Juni: Gutzkows Nachruf erscheint im «Frankfurter Telegraph»

1838   *10.–*17. Mai: *Leonce und Lena* erscheint als Fortsetzungsdruck (Auszüge) im Hamburger «Telegraph für Deutschland»

1839   *7.–*22. Januar: Das Fragment *Lenz* erscheint im «Telegraph für Deutschland»

1842   5.–8. Mai: Bei der großen Hamburger Brandkatastrophe brennt die Druckerei des «Telegraph» bis auf die Grundmauern nieder

1850   *November: Ludwig Büchner gibt in Verbindung mit seinen Geschwistern die «Nachgelassenen Schriften» seines Bruders Georg heraus (u. a. ohne *Woyzeck*)

1875   5. und 23. November: Teildruck des *«Wozzeck»* (irrtümlich für *Woyzeck*) durch Karl Emil Franzos in der Wiener «Neuen Freien Presse»

1880   14. Dezember: Wilhelmine Jaeglé stirbt unverheiratet in Straßburg

1890   29. Juli: Ankündigung einer (erst 1902 realisierten) Aufführung von *Danton's Tod* durch die ‹Freie Volksbühne› Berlin

1891   7. November: Verurteilung eines Magdeburger Journalisten nach Abdruck von *Danton's Tod* zu vier Monaten Gefängnis wegen «Verbreitung unzüchtiger Werke»

*1893   Aufführung von «Szenen aus Büchners Danton» bei einer «russischen Abendunterhaltung» auf der Platte in Fluntern bei Zürich

1895   Liebhaberaufführung von *Leonce und Lena* durch das ‹Intime Theater› in München

1902   5. Januar/12. Januar: Uraufführung von *Danton's Tod* durch die ‹Neue Freie Volksbühne› und die ‹Freie Volksbühne› in Berlin

1913   8. November: Uraufführung von *Woyzeck* im Residenztheater München

1923   Stiftung des Georg-Büchner-Preises als hessischer Staatspreis zur Kunstförderung (1933–1944 nicht verliehen; seit 1951 Verleihung durch die ‹Deutsche Akademie für Sprache und Dichtung› in Darmstadt)

1925   14. Dezember: Szenische Uraufführung von Alban Bergs «Wozzeck» an der Berliner Staatsoper

1963   In der Deutschen Demokratischen Republik wird eine Sonderbriefmarke «Georg Büchner» herausgegeben (Serie «Berühmte deutsche Künstler», 20 Pfennig)

1980   Gründung der «Forschungsstelle Georg Büchner» an der Philipps-Universität Marburg

1987   Gedenkausstellung zum 150. Todestag in Darmstadt

Zeugnisse

Keiner wußte es besser, als Büchner selbst, daß er kein Shakespeare war. Aber wenn irgend einer, so hatte er das Zeug dazu, es zu werden ... Und aus tausenderlei Zeichen, aus seiner Gabe, bald tragisch erschütternde Auftritte, bald die seltsamsten und lustigsten Verwicklungen nur so als beiläufige Zugabe zur Unterhaltung zu improvisieren, leuchtete deutlich genug hervor, daß er mit voller dramatischer Schöpfungskraft ausgerüstet war. In ihm hätte Deutschland seinen Shakespeare bekommen, wie es 1848 beinahe seine Freiheit und seine Einheit bekommen hätte.

Wilhelm Schulz, 1851

Das Kränkliche seines eigenen Wesens bekundet Büchner meistens schon in der Wahl seiner dichterischen Stoffe ... Man könnte ihn gewissermaßen einen pathologischen Dichter nennen. Schwächlich-überreizte, überspannte, geistig und sittlich angefressene Gestalten sind ihm für seine Darstellung die liebsten.

Georg Fein: Tagebuchnotiz, 23. April 1854

Hast Du den Band «Werke von Georg Büchner» schon angesehen? Dieser germanische Idealjüngling, der übrigens im Frieden ruhen möge, weist denn doch in dem sogenannten Trauerspielfragment «Wozzek» eine Art von Realistik auf, die den Zola und seine «Nana» jedenfalls überbietet, nicht zu reden von dem nun vollständig erschienenen «Danton», der von Unmöglichkeiten strotzt. Und dennoch ist vielleicht diese Frechheit das einzige sichere Symptom von der Genialität des so jung Verstorbenen, denn das übrige ist ja fast alles nur Reminiszenz oder Nachahmung; keine Spur von der Neuartigkeit und Selbständigkeit eines «Götz» oder der «Räuber», als sie zu ihrer Zeit entstanden.

Gottfried Keller: Brief an Paul Heyse, Zürich, 29. März 1880

Ich habe Büchner viel zu danken. Auch von ihm habe ich entscheidende Anregungen empfangen.

Gerhart Hauptmann (vor 1902)

Georg Büchner erhalten und einen neuen Gott zu Grabe auf den Altar gestellt.

Georg Heym: Tagebuchnotiz, 20. Juli 1909

Der Wozzeck vor etwa achtzig Jahren geschrieben, unbekannt! Und wie vieles macht er unnütz, was man laut und begeistert begrüßt hat, wie vieles spätere. Hier geht ein Weg, ja ich möchte fast sagen: hier geht d e r Weg.

Rainer Maria Rilke: Brief an Ellen Schachian, München, 30. August 1915

«Danton» Büchners im Stadttheater. Ein großartiges Melodrama. Ohne die Shakespearsche Plastik, nervöser, vergeistigter, fragmentarischer, ein ekstatisches Szenarium, philosophisch ein Panorama. Dergleichen ist kein Vorbild mehr, aber kräftige Hilfe.

Bertolt Brecht: Tagebuchnotiz, 4. Oktober 1921

Dieser Büchner war ein toller Hund. Nach kaum 23 oder 24 Jahren verzichtete er auf weitere Existenz und starb. Es scheint, die Sache war ihm zu dumm. Das war damals eine Epoche finsterster und dumpfester Reaktion, in die er hineingeboren wurde … Büchner, das war ein Revolutionär vom reinsten Wasser.

Alfred Döblin, 1921

Aus dem Prozeß des historischen Woyzeck macht Büchner ein Bild der Erniedrigten und Unterdrückten, das für sich selbst eine Anklage ist … Therese Giehse … sagte mir, sie glaube, dies sei die größte Tragödie in deutscher Sprache. Sie kann noch einen anderen Anspruch erheben: sie ist die größte Dichtung des ‹Absurden›.

Thornton Wilder: Tagebuchnotiz, 24. April 1953

Weder «Danton» noch «Woyzeck» sind Tendenzstücke; dennoch wüßten wir, wo Büchner steht, auch ohne den «Hessischen Landboten», und spüren sein politisches Engagement gerade dort, wo er durch Gestaltung sich persönlich davon befreit – sogar noch im Lustspiel, in «Leonce und Lena», wo das Gelächter, so wenigstens höre ich es, aus der Inversion des Engagement entsteht.

Max Frisch, 1958

«Friede den Hütten, Krieg den Palästen», wer von uns Anfängern der ersten APO-Generation wußte damit nichts anzufangen?! Denn eins war zu erblicken und abzusehen: nicht Büchner-Weidig-Typen, sondern solche in der Tradition des für den Tod von Weidig verantwortlichen Georgi standen erneut an zentralen Stellen der herrschenden Institutionen.

Rudi Dutschke, 1979

Die größte Konzentration von allen Dichtern, die ich kenne, hat Büchner. Jeder Satz von ihm ist mir neu. Ich kenne jeden, aber er ist mir neu.

Elias Canetti, 1982

Immer noch rasiert Woyzeck seinen Hauptmann, ißt die verordneten Erbsen, quält mit der Dumpfheit seiner Liebe seine Marie ... Ein vielmal vom Theater geschundener Text, der einem Dreiundzwanzigjährigen passiert ist, dem die Parzen bei der Geburt die Augenlider weggeschnitten haben, vom Fieber zersprengt bis in die Orthografie ... Wie harmlos der Pillenknick der neueren Dramatik, Becketts WARTEN AUF GODOT, vor diesem schnellen Gewitter, das mit der Geschwindigkeit einer anderen Zeit kommt, Lenz im Gepäck, den erloschenen Blitz aus Livland ...

Heiner Müller, 1985

Bibliographie

1. Erstdrucke und Erstausgaben

[Georg Büchner, Friedrich Ludwig Weidig:] Der Hessische Landbote. Erste Bot-
schaft. Darmstadt [d. i. Offenbach, durch Karl Preller], im Juli 1834
[Georg Büchner, Friedrich Ludwig Weidig, Leopold Eichelberg:] Der hessische
Landbote. Erste Botschaft. Darmstadt [d. i. Marburg, durch Ludwig August
Rühle], im November 1834
Georg Büchner: Danton's Tod. In: Phönix. Frühlings-Zeitung für Deutschland.
Frankfurt am Main, Nr. 73–77, 79–83, 26. März bis 7. April 1835
Georg Büchner: Danton's Tod. Dramatische Bilder aus Frankreichs Schreckens-
herrschaft. Frankfurt am Main 1835
Victor Hugo: Lucretia Borgia. Drama. Übersetzt von Georg Büchner. / Maria Tu-
dor. Drama. Übersetzt von Georg Büchner. In: Victor Hugo's sämmtliche Wer-
ke, Bd. 6. Frankfurt am Main 1835, S. 1–103 und 105–229
George Büchner: Mémoire sur le système nerveux du barbeau (Cyprinus barbus
L.). In: Mémoires de la Société du Muséum d'histoire naturelle de Strasbourg.
Tome second. Paris und Straßburg 1835. Deuxième livraison [1837]
Georg Büchner: Leonce und Lena. Ein Lustspiel. In: Telegraph für Deutschland.
Hamburg, Nr. 76–80, Mai 1838
Georg Büchner: Lenz. Eine Reliquie. In: Telegraph für Deutschland. Hamburg,
Nr. 5, 7–11, 13–14, Januar 1839
Georg Büchner: Wozzeck. Ein Trauerspielfragment. In: Mehr Licht! Eine deut-
sche Wochenschrift für Literatur und Kunst. Berlin, Nr. 1–3, 5., 12. und 19. Ok-
tober 1878
Sämtliche neun Titel, ergänzt durch die Büchner-Nachrufe von Wilhelm Schulz
und Karl Gutzkow, liegen als Faksimile vor:
Georg Büchner: Gesammelte Werke. Erstdrucke und Erstausgaben in Faksimiles.
10 Bändchen in Kassette. Hg. von THOMAS MICHAEL MAYER. Frankfurt a. M.
1987

2. Gesamt- und Einzelausgaben

Nachgelassene Schriften von Georg Büchner [Hg. von LUDWIG BÜCHNER].
Frankfurt am Main 1850

Georg Büchner's Sämmtliche Werke und handschriftlicher Nachlaß. Erste kritische Gesammt-Ausgabe. Eingeleitet und hg. von KARL EMIL FRANZOS. Frankfurt am Main 1879 («Zweite billige Ausgabe» Berlin 1902)

Georg Büchners Sämtliche Werke und Briefe. Hg. von FRITZ BERGEMANN. Leipzig 1922

Georg Büchner: Sämtliche Werke und Briefe. Historisch-kritische Ausgabe mit Kommentar. Hg. von WERNER R. LEHMANN (Hamburger bzw. Hanser-Ausgabe). 2 Bde. Hamburg (dann München) 1967 (³1979) und 1971 (Kommentarband nicht erschienen)

SCHAUB, GERHARD (Hg.): Georg Büchner, Friedrich Ludwig Weidig: Der Hessische Landbote. Texte, Materialien, Kommentar. München 1976

SCHMID, GERHARD (Bearb.): Georg Büchner: Woyzeck. Faksimile der Handschriften. Leipzig (desgl. Wiesbaden) 1981

ZIMMERMANN, ERICH (Hg.): Georg Büchner: Dantons Tod. Faksimile der Erstausgabe von 1835 mit Büchners Korrekturen. Darmstadt 1981

GERSCH, HUBERT (Hg.): Georg Büchner: Lenz. Studienausgabe. Stuttgart 1984

POSCHMANN, HENRI (Hg.): Georg Büchner: Woyzeck. Frankfurt a. M. ²1987

Georg Büchner: Werke und Briefe. Münchner Ausgabe. Hg. von KARL PÖRNBACHER, GERHARD SCHAUB, HANS-JOACHIM SIMM und EDDA ZIEGLER. München (dtv) ⁴1994

Georg Büchner. Briefwechsel. Kritische Studienausgabe von JAN-CHRISTOPH HAUSCHILD. Basel, Frankfurt a. M. 1994

3. Zeugnisse und Dokumente

ANDLER, CHARLES (Hg.): Briefe Gutzkows an Georg Büchner und dessen Braut. In: Euphorion 4 (1897), 3. Erg.heft, S. 181–193

DIEHL, WILHELM: Minnigerodes Verhaftung und Georg Büchners Flucht. In: Hessische Chronik 9 (1920), S. 5–18

Georg Büchner. Leben, Werk, Zeit. Ausstellung zum 150. Jahrestag des «Hessischen Landboten». Katalog. Unter Mitwirkung von Bettina Bischoff u. a. bearb. von THOMAS MICHAEL MAYER. Marburg ³1987

GÖRISCH, REINHARD, MAYER, THOMAS MICHAEL (Hg.): Untersuchungsberichte zur republikanischen Bewegung in Hessen 1831 bis 1834. Frankfurt a. M. 1982

GRAB, WALTER, unter Mitarbeit von THOMAS MICHAEL MAYER: Georg Büchner und die Revolution von 1848. Der Büchner-Essay von Wilhelm Schulz aus dem Jahr 1851. Text und Kommentar. Königstein 1985

GUTZKOW, KARL: Ein Kind der neuen Zeit. In: Frankfurter Telegraph. (Neue Folge.), Nr. 42–44, Juni 1837

ILSE, LEOPOLD FRIEDRICH: Geschichte der politischen Untersuchungen... Frankfurt a. M. 1860

[LEREBOUILLET, DOMINIQUE-AUGUSTE:] Société d'Histoire naturelle de Strasbourg. (Extraits des procès-verbaux) Séance du 4 mai 1836. In: L'Institut. Premiere

Section. Sciences Mathématiques, Physiques et Naturelles. Paris, Nr. 174, 7. September 1836, S. 296–298

NOELLNER, FRIEDRICH: Aktenmäßige Darlegung des wegen Hochverrats eingeleiteten gerichtlichen Verfahrens gegen Pfarrer D. Friedrich Ludwig Weidig… Darmstadt 1844

Der Prozeß gegen die oberhessische Demokratie (1833–1838). Eine Sammlung von Akten und Verhörprotokollen gegen die Zirkel um Friedrich Ludwig Weidig in Butzbach, Georg Büchner in Gießen und Leopold Eichelberg in Marburg. Zusammengestellt von THOMAS MICHAEL MAYER. Unveröffentlichte Sammlung in 36 Bänden. Marburg 1973 (Standort: Forschungsstelle Georg Büchner, Am Grün 1, D-3550 Marburg/Lahn)

RUCKHÄBERLE, HANS-JOACHIM (Hg.): Frühproletarische Literatur. Die Flugschriften der deutschen Handwerksgesellenvereine in Paris 1832–1839. Kronberg/Ts. 1977

[SCHULZ, WILHELM:] Nekrolog. In: Schweizerischer Republikaner. Zürich, Nr. 17, 28. Februar 1837, S. 71f

VOGT, KARL: Aus meinem Leben. Erinnerungen und Rückblicke. Stuttgart 1896

4. Bibliographien, Forschungsberichte, Indices

VIËTOR, KARL: Büchner, Georg. In: Goedekes Grundriß zur Geschichte der deutschen Dichtung. Neue Folge (Fortführung von 1830 bis 1880). Grundsätze der Bearbeitung. Für die Mitarbeiter als Handschrift gedruckt. Leipzig 1934, S. 43–67

SCHLICK, WERNER: Das Georg-Büchner-Schrifttum bis 1965. Eine internationale Bibliographie. Hildesheim 1968

PETERSEN, KLAUS-DIETRICH: Georg-Büchner-Bibliographie. In: Philobiblon 17 (1973), S. 89–115

KNAPP, GERHARD P.: Georg Büchner. Eine kritische Einführung in die Forschung. Frankfurt a. M. 1975
Die Georg Büchner-Literatur seit 1977 verzeichnet das «Georg Büchner Jahrbuch» (1981 ff)

RÖSSING-HAGER, MONIKA: Wortindex zu Georg Büchners Dichtungen und Übersetzungen. Berlin 1970

5. Sammelbände

ARNOLD, HEINZ LUDWIG (Hg.): Georg Büchner I/II. München ²1982
– : Georg Büchner III. München 1981

BECKER, PETER VON (Hg.): Georg Büchner. Dantons Tod. Kritische Studienausgabe des Originals mit Quellen, Aufsätzen und Materialien. Frankfurt a. M. ²1985

BOHNEN, KLAUS, PINKERT, ERNST-ULLRICH (Hg.): Georg Büchner im interkulturellen Dialog. Kopenhagen, München 1988

CERCIGNANI, FAUSTO (Hg.): Studia Büchneriana. Georg Büchner 1988. Mailand 1990

DEDNER, BURGHARD (Hg.): Georg Büchner: Leonce und Lena. Kritische Studienausgabe, Beiträge zu Text und Quellen. Frankfurt a. M. 1987

– : Der widerständige Klassiker. Einleitungen zu Büchner vom Nachmärz bis zur Weimarer Republik. Frankfurt a. M. 1990

– , OESTERLE, GÜNTER (Hg.): Zweites Internationales Georg Büchner Symposium 1987. Referate. Frankfurt a. M. 1990

Diskussion Deutsch. Zeitschrift für Deutschlehrer aller Schulformen in Ausbildung und Praxis, 17 (1986/87), Heft 92 (sämtliche Beiträge zu Georg Büchner)

Georg Büchner, atti del seminario 19 e 20 marzo 1985. Palermo 1986

Georg Büchner. Revolutionär, Dichter, Wissenschaftler 1813 bis 1837. Der Katalog. Ausstellung Mathildenhöhe, Darmstadt, 2. August bis 27. September 1987. Basel, Frankfurt a. M. 1987

Georg Büchner Jahrbuch. Hg. von THOMAS MICHAEL MAYER. Frankfurt a. M. (dann Tübingen) 1981ff

Interpretationen. Georg Büchner: Dantons Tod, Lenz, Leonce und Lena, Woyzeck. Stuttgart 1990

MARTENS, WOLFGANG (Hg.): Georg Büchner. Darmstadt ²1969

MILLS, KEN, KEITH-SMITH, BRIAN (Hg.): Georg Büchner – Tradition and Innovation. 14 Essays. Bristol 1990

WERNER, HANS-GEORG (Hg.): Studien zu Georg Büchner. Berlin, Weimar 1988

6. Gesamtdarstellungen zu Leben und Werk

DEDNER, BURGHARD: Georg Büchner. In: GRIMM, GUNTER E., MAX, FRANK RAINER (Hg.): Deutsche Dichter. Leben und Werk deutschsprachiger Autoren, Bd. 5. Stuttgart 1989, S. 571–594

EDSCHMID, KASIMIR: Georg Büchner. München, Wien, Basel 1970

HAUSCHILD, JAN-CHRISTOPH: Georg Büchner. Biographie. Stuttgart, Weimar 1993

HAUSER, RONALD: Georg Büchner. New York 1974

HILTON, JULIAN: Georg Büchner. London, Basingstoke 1982

JANCKE, GERHARD: Georg Büchner. Genese und Aktualität seines Werkes. Einführung in das Gesamtwerk. Königstein ³1979

KNAPP, GERHARD P.: Georg Büchner. Stuttgart ²1984

MAYER, HANS: Georg Büchner und seine Zeit. Frankfurt a. M. ³1977 (zuerst Wiesbaden 1946)

POSCHMANN, HENRI: Georg Büchner. Dichtung der Revolution und Revolution der Dichtung. Berlin, Weimar ²1985

REEVE, WILLIAM C.: Georg Büchner. New York 1979

SCHNIERLE, HERBERT: Georg Büchner. Salzburg 1980

SENGLE, FRIEDRICH: Georg Büchner (1813–1837). In: FRIEDRICH SENGLE: Biedermeierzeit. Deutsche Literatur im Spannungsfeld zwischen Restauration und Revolution. Bd. 3. Stuttgart 1980, S. 265–331

VIËTOR, KARL: Georg Büchner. Politik, Dichtung, Wissenschaft. Bern 1949

WITTKOWSKI, WOLFGANG: Georg Büchner. Persönlichkeit. Weltbild. Werk. Heidelberg 1978

ZOBEL VON ZABELTITZ, MAX: Georg Büchner, sein Leben und sein Schaffen. Berlin 1915

7. Studien und Kommentare

ABUTILLE, CARLO MARIO: Angst und Zynismus bei Georg Büchner. Bern 1969

BAUMANN, GERHART: Georg Büchner. Die dramatische Ausdruckswelt. Göttingen ²1976

BEHRMANN, ALFRED, WOHLLEBEN, JOACHIM: Büchner: Dantons Tod. Eine Dramenanalyse. Stuttgart 1980

BENN, MAURICE B.: The Drama of Revolt. A Critical Study of Georg Büchner. Cambridge, New York, Melbourne 1976

BORNSCHEUER, LOTHAR: Georg Büchner: Woyzeck. Erläuterungen und Dokumente. Stuttgart 1972

BRINKMANN, DONALD: Georg Büchner als Philosoph. Zürich 1958

BUCH, WILFRIED: Woyzeck. Fassungen und Wandlungen. Dortmund 1970

DOERR, WILHELM: Georg Büchner als Naturforscher. Darmstadt 1987

DÖHNER, OTTO: Georg Büchners Naturauffassung. Marburg 1967

ENZENSBERGER, HANS MAGNUS: Georg Büchner, Ludwig Weidig: Der Hessische Landbote. Texte, Briefe, Prozeßakten. Frankfurt a. M. ²1976 (zuerst 1965)

FISCHER, HEINZ: Georg Büchner und Alexis Muston. Untersuchungen zu einem Büchner-Fund. München 1987

GILLMANN, ERIKA, MAYER, THOMAS MICHAEL, PABST, REINHARD, WOLF, DIETER (Hg.): Georg Büchner an «Hund» und «Kater». Unbekannte Briefe des Exils. Marburg 1993

GRIMM, REINHOLD: Love, Lust and Rebellion: New Approaches to Georg Büchner. Madison, London 1985

GUTHRIE, JOHN: Lenz and Büchner: Studies in Dramatic Form. Frankfurt a. M., Bern, New York 1984

HELBIG, LOUIS FERDINAND: Das Geschichtsdrama Georg Büchners: Zitatprobleme und historische Wahrheit in «Dantons Tod». Bern, Frankfurt a. M. 1973

HINDERER, WALTER: Büchner – Kommentar zum dichterischen Werk. München 1977

HÖRNIGK, FRANK: Untersuchungen über den Zusammenhang von revolutionärer Praxis, revolutionär-demokratischer Ideologiebildung und ästhetischem Programm bei Georg Büchner. Phil. Diss. Berlin 1973

IRLE, GERHARD: Büchners «Lenz» – eine frühe Schizophreniestudie. In: GERHARD IRLE: Der psychiatrische Roman. Stuttgart 1965, S. 73–83

ISSA, HODDA: Das «Niederländische» und die «Autopsie». Die Bedeutung der Vorlage für Georg Büchners Werke. Frankfurt a. M., Bern, New York, Paris 1988

JAMES, DOROTHY: Georg Büchner's «Dantons Tod»: A Reappraisal. London 1982

JANSEN, JOSEF: Georg Büchner: Dantons Tod. Erläuterungen und Dokumente. Stuttgart 1969

KNAPP, GERHARD P.: Georg Büchner: Dantons Tod. Frankfurt a. M. ²1987

KOBEL, ERWIN: Georg Büchner. Das dichterische Werk. Berlin, New York 1974

KRAPP, HELMUT: Der Dialog bei Georg Büchner. München ²1970

KRAUSE, EGON: Georg Büchner: Woyzeck. Texte und Dokumente. Frankfurt a. M. 1969

MAYER, THOMAS MICHAEL: Georg Büchner und «Der Hessische Landbote». Volksbewegung und revolutionärer Demokratismus in Hessen 1830–1835. Ein Arbeitsbericht. In: OTTO BÜSCH, WALTER GRAB (Hg.): Die demokratische Bewegung in Mitteleuropa im ausgehenden 18. und frühen 19. Jahrhundert. Berlin 1980, S. 360–390

MEIER, ALBERT: Georg Büchner: Woyzeck. München 1980

– : Georg Büchners Ästhetik. München 1983

MOSLER, PETER: Georg Büchners «Leonce und Lena». Langeweile als Bewußtseinsform. Bonn 1974

PEIXOTO, FERNANDO: Georg Büchner. A dramaturgia do terror. São Paulo 1983

RABE, WOLFGANG: Georg Büchners Lustspiel «Leonce und Lena». Eine Monographie. Phil. Diss. Potsdam 1967

RENKER, ARMIN: Georg Büchner und das Lustspiel der Romantik. Eine Studie über Leonce und Lena. Berlin 1924

REUCHLEIN, GEORG: Das Problem der Zurechnungsfähigkeit bei E. T. A. Hoffmann und Georg Büchner. Zum Verhältnis von Literatur, Psychiatrie und Justiz im frühen 19. Jahrhundert. Frankfurt a. M., Bern, New York 1985

RICHARDS, DAVID G.: Georg Büchners Woyzeck. Interpretation und Textgestaltung. Bonn 1975

– : Georg Büchner and the Birth of the Modern Drama. Albany 1977

RUCKHÄBERLE, HANS-JOACHIM: Flugschriftenliteratur im historischen Umkreis Georg Büchners. Kronberg/Ts. 1975

SCHAUB, GERHARD: Georg Büchner und die Schulrhetorik. Untersuchungen und Quellen zu seinen Schülerarbeiten. Bern, Frankfurt a. M. 1975

– : Die schriftstellerischen Anfänge Georg Büchners unter dem Einfluß der Schulrhetorik. Trier 1980 (Habilitationsschrift, masch.)

– : Georg Büchner: Lenz. Erläuterungen und Dokumente. Stuttgart ²1991

SCHINGS, HANS-JÜRGEN: Der mitleidigste Mensch ist der beste Mensch. Poetik des Mitleids von Lessing bis Büchner. München 1980

SEGEBRECHT-PAULUS, URSULA: Genuß und Leid im Werk Georg Büchners. München 1969

SIESS, JÜRGEN: Zitat und Kontext bei Georg Büchner. Eine Studie zu den Dramen «Dantons Tod» und «Leonce und Lena». Göppingen 1975

THIEBERGER, RICHARD: Georg Büchner: Lenz. Frankfurt a. M., Berlin, München 1985

THORN-PRIKKER, JAN: Revolutionär ohne Revolution. Interpretationen der Werke Georg Büchners. Stuttgart 1978

TRUMP, ELISABETH ZIEGLER: The Elitist Revolutionary: Georg Büchner in His Letters. Phil. Diss. New York 1979

UEDING, CORNELIE: Denken, Sprechen, Handeln. Aufklärung und Aufklärungskritik im Werk Georg Büchners. Bern, Frankfurt a. M. 1976

ULLMAN, BO: Die sozialkritische Thematik im Werk Georg Büchners und ihre Entfaltung im «Woyzeck». Mit einigen Bemerkungen zu der Oper Alban Bergs. Stockholm 1972

VIËTOR, KARL: Georg Büchner als Politiker. Bern ²1950 (zuerst 1939)

VIETTA, SILVIO: Neuzeitliche Rationalität und moderne literarische Sprachkritik. Descartes, Georg Büchner, Arno Holz, Karl Kraus. München 1981

VOSS, KURT: Georg Büchners «Lenz». Eine Untersuchung nach Gehalt und Formgebung. Phil. Diss. Bonn 1922

WENDER, HERBERT: Georg Büchners Bild der Großen Revolution. Zu den Quellen von «Danton's Tod». Frankfurt a. M. 1988

WINKLER, HANS: Georg Büchners «Woyzeck». Greifswald 1925

Wohlfahrt, Thomas: Georg Büchners Lustspiel «Leonce und Lena». Versuch einer Analyse. Phil. Diss. Halle 1985

Zimmermann, Erich: Für Freiheit und Recht! Der Kampf der Darmstädter Demokraten im Vormärz (1815–1848). Darmstadt 1987

Zöllner, Bernd: Büchners Drama «Dantons Tod» und das Menschen- und Geschichtsbild in den Revolutionsgeschichten von Thiers und Mignet. Phil. Diss. Kiel 1972

8. Textkritik, Editions- und Wirkungsgeschichte

Büchner im «Dritten Reich». Mystifikation – Gleichschaltung – Exil. Eine Dokumentation. Hg. und eingeleitet von Dietmar Goltschnigg, kommentiert von Gerhard Fuchs. Bielefeld 1990

Büchner-Preis-Reden 1951–1971. Stuttgart ²1981

Büchner-Preis-Reden 1972–1983. Stuttgart 1984

Fischer, Ludwig (Hg.): Zeitgenosse Büchner. Georg Büchners Leben und Werk – als Thema und Stoff von Literatur – als Analogie zu aktueller Erfahrung. Stuttgart 1979

Gersch, Hubert: Georg Büchner: Lenz. Textkritik. Editionskritik. Kritische Edition. Münster 1981 (als Manuskript vervielfältigt)

Goltschnigg, Dietmar (Hg.): Materialien zur Rezeptions- und Wirkungsgeschichte Georg Büchners. Kronberg/Ts. 1974

– : Rezeptions- und Wirkungsgeschichte Georg Büchners. Kronberg/Ts. 1975

Hauschild, Jan-Christoph: Georg Büchner. Studien und neue Quellen zu Leben, Werk und Wirkung. Mit zwei unbekannten Büchner-Briefen. Königstein 1985

Lehmann, Werner R.: Textkritische Noten. Prolegomena zur Hamburger Büchner-Ausgabe. Hamburg 1967

Marburger Denkschrift über Voraussetzungen und Prinzipien einer Historisch-kritischen Ausgabe der Sämtlichen Werke und Schriften Georg Büchners. Hg. von der Forschungsstelle Georg Büchner... und der Georg Büchner Gesellschaft. Marburg 1984 (als Manuskript gedruckt)

Mayer, Thomas Michael (Hg.): Insel-Almanach auf das Jahr 1987. Georg Büchner. Frankfurt a. M. 1987

Woyzeck von Georg Büchner. Gezeichnet von Dino Battaglia. Berlin 1990

9. Das Werk auf der Bühne

Bornkessel, Axel: Georg Büchners «Leonce und Lena» auf der deutschsprachigen Bühne. Studien zur Rezeption des Lustspieles durch das Theater. Phil. Diss. Hamburg 1970

Petersen, Peter: Alban Berg: Wozzeck. Eine semantische Analyse unter Einbeziehung der Skizzen und Dokumente aus dem Nachlaß Bergs. München 1985

Strudthoff, Ingeborg: Die Rezeption Georg Büchners durch das deutsche Theater. Berlin-Dahlem 1957

Viehweg, Wolfram: Georg Büchners «Dantons Tod» auf dem deutschen Theater. München 1964

10. Dichtungen zu Büchner

Dichter über Büchner. Hg. von WERNER SCHLICK. Frankfurt a. M. 1973

EDSCHMID, KASIMIR: Georg Büchner. Eine deutsche Revolution. Roman. Frankfurt a. M. ²1988 (Erstausgabe unter dem Titel: Wenn es Rosen sind, werden sie blühen. München 1950)

GEERDTS, HANS JÜRGEN: Hoffnung hinterm Horizont. Historischer Roman. Berlin 1987 (zuerst 1956)

HAUSCHILD, JAN-CHRISTOPH: Büchners Aretino. Eine Fiktion. Frankfurt a. M. Verlag der Autoren 1982 (Bühnenmanuskript)

HETMANN, FREDERIK: Georg B. oder Büchner lief zweimal von Gießen nach Offenbach und wieder zurück. Zeit und Lebensbild. Erzählung mit Dokumenten. Weinheim, Basel 1981

HORNAWSKY, GERD: Nachlaß oder Ein Besuch für die Vergangenheit. Berlin, Henschelverlag Kunst und Schauspiel 1985 (Bühnenmanuskript)

LOCH, RUDOLF: Georg Büchner. Das Leben eines Frühvollendeten. Biografie. Berlin 1988

MÜLLER, OTTO: Altar und Kerker. Ein Roman aus den dreißiger Jahren. Den Manen Weidigs gewidmet. 3 Bde. Stuttgart 1884

Oder Büchner. Eine Anthologie. Hg. von JAN-CHRISTOPH HAUSCHILD. Darmstadt 1988

SALVATORE, GASTON: Büchners Tod. Stück. Frankfurt a. M. 1972

SCHÜNEMANN, PETER: Zwieland. Erdachte Szenen aus Büchners Biographie. Zürich, Stuttgart 1984

STEINBERG, WERNER: Protokoll der Untersterblichkeit. Roman. Halle, Leipzig ⁵1986

11. Forschungsinstitutionen

DEDNER, BURGHARD: Forschungsstelle Georg Büchner. In: Bon jour citoyen! Zeitung zur Vorbereitung der Ausstellung in Darmstadt 1987, Nr. 2, 19. Februar 1987, S. 2

KRUSE, JOSEPH ANTON: Die Georg-Büchner-Sammlung im Heinrich-Heine-Institut, Düsseldorf. In: Heine-Jahrbuch 31 (1992), S. 239f

MAYER, THOMAS MICHAEL: Zu Voraussetzungen und Aufgaben der Georg Büchner Gesellschaft. In: Georg Büchner Jahrbuch 1 (1981), S. 351f

SCHMID, GERHARD: Der Nachlaß Georg Büchners im Goethe- und Schiller-Archiv Weimar. In: Georg Büchner Jahrbuch 6 (1986/87), S. 159–172

ZIMMERMANN, ERICH: Das Büchner-Archiv der Hessischen Landes- und Hochschulbibliothek Darmstadt. In: Bon jour citoyen! Zeitung zur Vorbereitung der Ausstellung in Darmstadt 1987, Nr. 1, 17. Oktober 1986, S. 2

Einige zusätzliche Literaturhinweise finden sich in den Anmerkungen.

Namenregister

Die kursiv gesetzten Zahlen bezeichnen die Abbildungen

Über den Autor

Jan-Christoph Hauschild, geboren 1955; Studium der Germanistik und Geschichte; 1984 Promotion bei Manfred Windfuhr; 1980–1986 Redakteur der historisch-kritischen Heine-Ausgabe; 1986–1992 Lehrbeauftragter am Germanistischen Seminar der Heinrich-Heine-Universität Düsseldorf. Wissenschaftlicher Mitarbeiter des Heinrich-Heine-Instituts und freier Autor. Zuletzt erschienen: Georg Büchner. Biographie. Stuttgart und Weimar 1993; Heinrich Heine: «Shakespeares Mädchen und Frauen» und Kleinere literaturkritische Schriften. Bearbeitet von J.-C. H. Hamburg 1993 (Historisch-kritische Gesamtausgabe der Werke, Band 10).

Diese Studie wurde gefördert durch ein Arbeitsstipendium der Stiftung Kunst und Kultur des Landes Nordrhein-Westfalen. Dafür gilt dem Stiftungsvorstand, Herrn Reinhard Linsel und Herrn Fritz-Theo Mennicken, mein herzlicher Dank.

Eckhart G. Franz (Darmstadt), Burghard Dedner und Thomas Michael Mayer (Marburg), Joseph A. Kruse und Günter Solle (Düsseldorf) haben mich auf vielfältige Weise zu bestärken und zu unterstützen gewußt.

Nicht wenige Einzelhinweise verdanke ich Alfred Estermann (Frankfurt am Main), Ingo Fellrath (Tours), Winfried Hönes (Kleve), Waltraud Seidel-Höppner (Berlin), Dieter Lent (Wolfenbüttel), François Schwicker (Strasbourg), Herbert Wender (Saarbrücken), Patrick Werrn (Uhrwiller) und Erich Zimmermann (Darmstadt).

Quellennachweis der Abbildungen

Aus: Heinz Fischer: Georg Büchner und Alexis Muston. München 1987: 2, 41

Bildarchiv Preußischer Kulturbesitz, Berlin: 6, 8, 36/37

Georg Büchner Gesellschaft, Marburg: 10, 11 oben

Aus: Georg Büchner. Der Katalog. Frankfurt a. M. 1987: 11 unten, 13 oben

Rowohlt-Archiv: 12 oben, 13 unten

Stadtarchiv, Darmstadt: 12 unten, 18

Heinrich-Heine-Institut, Düsseldorf: 17, 73 unten, 131

Mercksches Familienarchiv in Darmstadt: 19

Stiftung Weimarer Klassik, Goethe- und Schiller-Archiv, Weimar: 20, 21, 75, 102, 113, 132

Historisches Museum, Frankfurt a. M.: 24

Haus-, Hof- und Staatsarchiv, Wien: 25

Musée Historique, Straßburg: 29, 97

Aus: The Wynne Diaries. Hg. von Anne Fremantle. Bd. 1 (1789–1794). London 1935 (s. «Nouveau dictionnaire de biographie Alsacienne», Artikel «Jaeglé» von Patrick Werrn): 30

Ullstein Bilderdienst, Berlin: 31, 68

Cabinet des Estampes, Straßburg: 34/35

Aus: Karl Esselborn (Hg.): Ernst Elias Niebergalls Erzählende Werke. Darmstadt 1925 (Universitätsbibliothek Düsseldorf): 43, 46

Oberhessisches Museum, Gießen: 47

Hessisches Staatsarchiv, Darmstadt: 49, 80

Stadtarchiv, Butzbach: 50

Hessisches Landesmuseum, Darmstadt: 53, 91

Hessisches Staatsarchiv, Marburg: 57

Aus: Eduard Duller: Giessen und seine Umgebung. Gießen 1841: 63 (Foto: Heinrich-Heine-Institut, Düsseldorf)

Musée Carnavalet, Paris: 67 (Foto Josse), 69 (Foto Bulloz)

Deutsches Institut für Filmkunde, Bonn: 70

Verlag Sauerländer, Aarau: 73 oben

Aus: Auktionskatalog Nr. 96, Antiquariat W. Brandes. Braunschweig 1991: 77

Hessische Landes- und Hochschulbibliothek, Darmstadt: 83

Privatsammlung: 86

Aus: Heinrich Lutteroth: Aus Oberlins Leben. Straßburg 1826: 88

Bibliothèque Nationale et Universitaire de Strasbourg, Section des Alsatiques: 96

Aus: Mémoires de la Société du Muséum d'Histoire Naturelle de Strasbourg. Paris-Strasbourg 1835. Faksimile-Ausgabe Frankfurt a. M. 1987: 98/99

Archiv der Salzburger Festspiele/Steinmetz: 105

Staatsbibliothek München, Max-Halbe-Archiv: 106/107

Guthrie Theater, Minneapolis, Minn.: 109

Museum für Geschichte der Stadt Leipzig: 115, 116

Stiftung Deutsche Kinemathek, Berlin: 118

Aus: Jan-Christoph Hauschild: Georg Büchner. Studien und neue Quellen zu Leben, Werk und Wirkung. Königstein/Ts. 1985: 123, 127

Zentralbibliothek Zürich, Graphische Sammlung: 125

Aus: Hundert Jahre. Bilder aus der Geschichte der Stadt Zürich in der Zeit von 1814-1914. Bd. 1. Zürich 1914: 126

Archives de la Ville de Strasbourg: 129